大学生创新创业管理与
人才培养模式研究

张景亮 著

吉林科学技术出版社

图书在版编目（CIP）数据

大学生创新创业管理与人才培养模式研究 / 张景亮著．— 长春：吉林科学技术出版社，2019.12（2024.1重印）
ISBN 978-7-5578-6589-4

Ⅰ．①大… Ⅱ．①张… Ⅲ．①大学生－创业－研究②大学生－人才培养－培养模式－研究 Ⅳ．①G647.38
②G645.5

中国版本图书馆CIP数据核字(2019)第286024号

大学生创新创业管理与人才培养模式研究

著	张景亮
出 版 人	李　梁
责任编辑	孙　默
装帧设计	张　丽
开　　本	787mm×1092mm　1/16
字　　数	150千字
印　　张	10.25
版　　次	2020年4月第1版
印　　次	2024年1月第2次印刷
出　　版	吉林科学技术出版社
发　　行	吉林科学技术出版社
地　　址	长春市龙腾国际出版大厦
邮　　编	130021
发行部电话/传真	0431-85635177　85651759　85651628 85677817　85600611　85670016
储运部电话	0431-84612872
编辑部电话	0431-85635186
网　　址	www.jlstp.net
印　　刷	三河市元兴印务有限公司
书　　号	ISBN 978-7-5578-6589-4
定　　价	80.00元

如有印装质量问题　可寄出版社调换
版权所有　翻印必究

前言

当今社会科学技术突飞猛进，知识更新的速度日益加快，科技成果商品化、产业化的周期越来越短。社会经济领域日新月异的背后，都有一个共同的因素在起着重要的推动作用：创新。当前，世界新一轮科技革命和产业变革正在孕育兴起，以科技创新、产业创新、商业模式创新、管理创新为主要内容的世界创新浪潮风起云涌，成为推动人类进步和世界经济增长的重要引擎。

人才是推动创新的决定因素和重要支撑，而人才的培育和成长摇篮在高校。因此，党和国家高度重视大学生创新创业和管理工作，要求采取切实措施，以创业带动就业。近年来，各高校在加强大学生创新创业与管理教育、指导、服务和开展大学生创新创业与管理实践等方面做了大量工作，也取得了一定的成效，但这些还远远不够，需要我们挖掘的潜力和空间还十分巨大。

基于此，编写了本书，力求让大学生在高校通过系统学习、严格训练、强化提高，在思想认识、观念理念、行为举措等方面取得创新突破，使其创新和创业意识增强、观念更新、措施得当、效果明显，从而充分提升大学生综合素质，切实培养和锻炼大学生的创新能力。本书主体分为三大部分：创新和创新能力、创业和创业能力、管理和管理能力。

本书的编写，借鉴、参考了大量创新创业与管理方面的文献资料和近几年出版的大学生创新创业方面的出版物，在此，对这些文献资料的作者表示衷心感谢。由于编者水平有限，书中难免有错漏不妥之处，敬请读者批评指正。

目录

第1章 创新 1
  1.1 创新概述 1
  1.2 创新的基本内容 9
  1.3 创新意识 21

第2章 创新思维 26
  2.1 创新思维概述 26
  2.2 创新思维的形式与训练 36

第3章 创新能力 52
  3.1 创新能力概述 52
  3.2 创新技法 58

第4章 创业 62
  4.1 创业与创业意识 62
  4.2 创业者 66

第5章 创业大学生应具备的素质培养 79
  5.1 应具备创业意识 79
  5.2 应具备创业精神 82
  5.3 应具备创业知识 85
  5.4 应具备创业能力 90

第6章 创业机遇把握与创业项目选择能力培养 94
  6.1 创业机遇及其把握 94
  6.2 创业项目选择 99
  6.3 文化传媒产业项目选择 107

第7章 大学生创新创业各项准备培养 112

 7.1 做好创业心理准备 112

 7.2 做好创业知识与能力准备 116

 7.3 制定创业计划 120

第 8 章 创业企业经营管理 130

 8.1 创业企业团队管理 130

 8.2 创业企业营销管理 134

 8.3 创业企业财务管理 145

第1章 创新

创新是一个民族进步的灵魂，是一个国家兴旺发达的不竭动力，是个人保持蓬勃朝气和昂扬斗志的力量源泉。创新不仅是衡量社会进步和民族文明程度的一个重要标志，也是当代大学生应该具备的基本素养与内在品质，是大学生实现自我价值的客观需求。传统高等教育体制下培养出来的大学生创新意识相对缺乏，往往不能满足现代社会的创新需求。因此，当代大学生应加强创新意识的培养，树立良好的创新意识观念，为社会、国家的发展贡献自己的力量。

1.1 创新概述

1.1.1 创新的含义

创新首先是一种思想以及在这种思想指导下的实践，是一种原则以及在这种原则指导下的具体活动，是管理的一种基本职能。

"创新"一词起源于拉丁语。它有三层含义：其一，更新；其二，创造新的东西；其三，改变。根据《汉语大辞典》的解释，"创新"有"创立或创造新的"之义。从词源上分析，"创"主要指破坏，是开始"做"，"新"是刚获得、刚出现的，与"旧"对应，侧重指事物在性质上改变得更好，是没有使用过的。二者联系起来，则主要指抛弃旧事物，创造新事物，具有鲜明的创造特征。

随着时间的推移和社会与文化的变迁,"创新"的含义被赋予了不同的诠释。

尽管时代的烙印使其发生了改变,但万变不离其宗。目前我们对其的理解主要在两个方面:创新的一般含义和经济学含义。

从一般含义上来说,创新是淘汰旧的东西,创造新的东西。它是一切事物向前发展的根本动力,是事物内部新的进步因素通过矛盾斗争战胜旧的落后的因素,最终发展成为新事物的过程。现在人们所讲的各种创新,是指对原有事物进行改革或改造,即革除原有事物中不合理和不合规律,阻碍其发展的各种因素,促进事物向好的方向发展。

创新的经济学含义源于奥地利经济学家约瑟夫·熊彼特的"创新"理论。他于1912年发表的《经济发展理论》使用了"创新"这一概念。他认为,创新是指把一种从来没有过的关于生产要素的"新组合"引入生产体系。这种"新组合"包含以下五个方面:

(1)引入一种新的产品或采用某种产品的新特性。

(2)采用一种新的生产工艺或生产方法。

(3)开辟一个新的市场,包括经过市场细分而发现的新市场。

(4)获得或控制员材料或半成品的一种新的供应来源。

(5)采用一种新的工业组织,如建立一种垄断地位或打破一种垄断地位。

熊彼特的创新概念的含义是十分广泛的,包含了一切可以提高资源配置效率的创新活动。他指出,创新是"一种创造性的毁灭",最终目的是为了获取潜在的经济利益。

1.1.2 维持与创新的关系

维持与创新作为管理的两个基本职能,对系统的生存发展都是非常重要的,它们是相互联系、不可或缺的。创新是维持基础上的发展,而维持则是创新的逻辑延续;维持是为了实现创新的成果,而创新则是为更高层次的维持提供依托和框架。

(1)维持是保证系统活动顺利进行的基本手段,也是系统中大部分管理人员,特别是中层和基层的管理人员要花大部分精力从事的工作。根据物理学的熵增原理，原来基于合理分工，职责明确而严密衔接起来的有序的系统结构，会随着系统在运转过程中各部分之间的摩擦而逐渐地从有序走向无序，最终导致有序平衡结构的解体。管理的维持职能便是要严格地按预定的规划来监视和修正系统的运行，尽力避免各子系统之间的摩擦，或减少因摩擦而产生的结构内耗，以保持系统的有序性。

没有维持，社会经济系统的目标就难以实现，计划就无法落实，各成员的工作就有可能偏离计划的要求，系统的各个要素就可能相互脱离，各自为政，各行其是，从而整个系统就会呈现出一种混乱的状况。所以，维持对于系统生命的延续是至关重要的。但是，仅有维持是不够的。

(2)任何社会系统都是一个由众多要素构成的，与外部不断发生物质、信息、能量交换的动态、开放的非平衡系统。而系统的外部环境是在不断地发生变化的，这些变化必然会对系统的活动内容、活动形式和活动要素产生不同程度的影响；同时，系统内部的各种要素也是在不断发生变化的。系统内部某个或某些要素在特定时期的变化必然要求或引起系统内其他要素的连锁反应，从而对系统原有的目标、活动要素间的相互关系等产生一定的影响。系统若不及时根据内外变化的要求，适时进行局部或全局的调整，则可能被变化的环境淘汰，或为改变了的内部要素所不容。这种为适应系统内外变化而进行的局部和全局的调整，便是管理的创新职能。

(3)系统的社会存在是以社会的接受为前提的，而社会之所以允许某个系统存在，又是因为该系统提供了社会需要的某种贡献；系统要向社会提供这种贡献，则必须首先以一定的方式从社会中取得某些资源并加以组合。系统向社会的索取(投入资源)越是小于它向社会提供的贡献(有效产出)，系统能够向社会提供的贡献与社会需要的贡献越是吻合，则系统的生命力就越旺盛，其寿命周期也越有可能延长。孕育期、初生期的系统，限于自身的能力和对社会的了解，提供社会所需贡献的能力总是有限的；随着系统的成长和成熟，它与社会的互相认识不断加深，所能提供的贡献与社会需要的贡献便倾向和谐；而一旦系统不能跟上社会的变化，其产品或服务不再被社会需要，或内部的资源转换功能退化，系统向社会的索取超过对社会的贡献，则系统会逐步地被社会所抛弃，趋向消亡。

根据上面的分析，可以看出，系统的生命力取决于社会对系统贡献的需要程度和系统本身的贡献能力；而系统的贡献能力又取决于系统从社会中获取资源的能力、组织利用资源的能力以及系统对社会需要的认识能力。要提高系统的生命力，扩展系统的生命周期，就必须使系统提高内部的这些能力，并通过系统本身的工作，增强社会对系统贡献的需要程度。由于社会的需要是在不断变化的，社会向系统供应的资源在数量和种类上也在不断改变，系统如果不能适应这些变化，以新的方式提供新的贡献，则可能被社会所淘汰。系统不断改变或调整，取得和组合资源的方式、方向和结果，向社会提供新的贡献，这正是创新的主要内涵和作用。

1.1.3 创新的分类

从不同的角度上看，创新有以下几种分类方法：

(1)按照创新的规模和影响程度，可将其划分为局部创新与整体创新。局部创新是指在组织整体性质和目标不变的条件下，组织活动的部分内容、要素的性质或组合方式及组织的社会贡献形式等发生了变革。整体创新是指组织的目标、运行方式和社会使命都发生了改变。

(2)按照创新与环境的关系，可将其划分为防御性创新和攻击性创新。防御性创新是指由于外部环境变化对组织系统的生存及运行造成一定程度的威胁，为防止该威胁可能造成的损失扩大，而在组织内部进行的局部或整体创新。攻击性创新是指组织为适应环境变化而主动调整系统战略，积极创新，谋求组织更好地发展。

(3)按照组织系统组建的过程，可将其划分为系统初建期的创新和运行中的创新。组织系统组建的各项活动本身就是一种创新。例如，新建组织的目标确定、组织结构及运行规划的拟定等。当组织系统正式运行后，欲使其正常、良性运行并不断寻求发展，管理者就要不断创新，以顺应环境的变化，调整组织结构与系统运行方式、内容，拓展组织规模。

(4)按照创新的组织形式,可将其划分为自发创新和有组织的创新。自发创新是指组织系统针对外部环境变化自觉地进行调整以适应环境的变化。有组织的创新是指组织管理者根据系统运行的客观要求,制度化地研究环境状况与组织内部工作,进行有计划的创新活动。

1.1.4 创新的特征

创新活动有以下几个主要的特征:

1.创造性

创新是创造性的思想观念及其实践活动。创新活动及其成果是创造性的劳动及其结晶,是前人或别人没能认识、做到或加以更好利用的;即使是同类活动及其成果,创新也意味着有质的改进和提高或实现了更好利用。创新者应解放思想,开拓进取,勇于变革和革新,勇于从事创造性的思维及其实践活动。

2.高风险性

创新活动的创造性也决定它具有风险性。实践证明,创新是否成功以及在多大程度上获得成功,存在着高度的不确定性,因而具有高风险性。从总体上讲,获得成功并收到预期效果的创新,往往不是多数而是少数,甚至是极少数。创新一旦失败,不仅创新过程的大量投入无法收回,而且会错过发展机会,损害企业的市场竞争能力。在企业里,创新的风险主要有市场风险和技术风险。市场风险是难于把握市场需要的基本特征以及将这些特征融入创新过程,因而创新的决策和最终结果很难说能否为用户所接受、为市场所欢迎,能否超越竞争对手。技术风险是能否克服研究开发、商品化过程的技术难题和高成本问题,因而存在技术上能否成功的不确定性。同时,创新也存在管理上的风险。当然,创新充满风险并不是说它比守旧的风险还大。因循守旧、故步自封存在着使组织萎缩甚至被淘汰的风险,因此,只有创新,组织才有希望、才有生机和活力。认识创新的高风险,充分考虑到创新成功的不确定性,其目的是要采取多方面的措施减少风险,增大创新的成功率,这是管理的创新职能所在。

3.高效益性

创新一旦成功，能获得极高的甚至是意料不到的效益。创新的风险高，但效益更高，创新的高效益性和高风险性呈正相关关系。从总体上讲，创新获得的效率和效益(经济效益、社会效益、生态效益)要大于创新的投入和风险造成的损失。企业的创新不仅使企业在市场上具有竞争优势，而且使它有可能在一定范围、一定时间、一定程度上处于垄断地位，获得超额利益。当然，这种地位会随技术的扩散或更高水平的创新出现而丧失。具有远见卓识的管理，总是追求不断创新。

4.系统性

创新的系统性主要表现在：从创新的过程看，创新是涉及战略、市场调查、预测、决策、研究开发、设计、安装、调试、生产、管理、营销等一系列过程的系统活动。这一系统活动是一个完整的链条，其中任何一个环节出现失误都会影响企业的创新效果。从创新的影响因素看，创新活动受技术、经济、社会等诸多外部因素的影响。在企业内部，与经营过程息息相关的经营思想、管理体制、组织结构的状况也影响企业的创新效果。从创新的参与人员看，创新是由许多人共同努力的结果，需要众多部门和人员的相互协调和相互作用，以产出系统的协同效应，使创新达到预期的目的。

5.动态性

事物是发展变化的，不仅组织的外部环境和内部条件在不断发生变化，而且组织的创新能力也要不断积累、不断提高，决定创新能力的创新要素也都在进行动态调整。从企业间的竞争来看，随着企业创新的扩散，企业的竞争优势将会消失，这就需要不断推动新的一轮又一轮的创新不断确立企业的竞争优势。因此，创新不是静止的，而是动态的。不同时期组织的创新内容、方式、水平是不同的。从组织发展的总趋势看，前一时期低水平的创新，总是要被后一个时期高水平的创新所替代。

创新活动的不断开展和创新水平的不断提高，正是推动组织发展的动力。

6.时机性

创新的时机性是指创新的机会往往存在于一定的时间范围内。如果人们能正确认识客观存在的时机，抓住并充分利用时机，就有可能获得创新的成功；相反，如果人们错过时机，创新活动就会前功尽弃。由于消费者的偏好不同并处于不断的变化中，同时社会的整体技术水平也在不断提高，创新的时机在不同方向上不同，甚至在同一方向也随着阶段性的不同而不同。而且由于创新成果的确认和保护与时间密切相关，人们只能承认和保护那些在第一时间获得确认并以专利形式表现出来的创新成果。创新的时机性特征，要求创新者在进行创新决策时，必须根据市场变化趋势、社会技术水平和专利信息状况等进行方向选择，识别该方向的创新所处的阶段，选准切入点，抢先获得创新成果。

1.1.5 创新的作用

当前，创新正快速改变着我们的生活和生存方式，预计在今后的一二十年，以创新为基本特征的"新"经济将以锐不可当的势头蓬勃发展，世界将因此发生翻天覆地的变化。管理大师熊彼特认为：经济腾飞的主要原因是企业经营者将创新和生产手段有机结合，而"创新"可能是技术的新发展，可能是经济资源的重新配置，可能是一个流行趋势，但它都能给企业带来巨大的经济利益。许多经营成功和经营失败的企业经验和教训告诉我们，管理创新贯穿于企业生命的始终，是企业发展的永恒主题。其作用主要有以下几个方面：

1.创新是企业改善市场环境的重要手段

首先，通过产品创新可以改善现有市场条件。因为，产品创新能加速新技术、新工艺、新材料在产品生产中的应用，能提高产品质量，更好地满足消费者的需要，从而提高产品在市场上的竞争力，改变用户对企业产品的看法。其次，通过创新可以形成新的市场，使企业在更广阔的市场中进行选择，因为，如果企业的创新成果能满足消费者需要，就会给企业带来新的用户。最后，若企业创新的成果是首次进入新的市场领域，它将具有领先者的优势，一定程度上决定着市场规模和产品价格。

2.创新是企业生存和发展的基础

现代企业始终处在一个动态、多变、竞争激烈的环境下，要想生存和发展，且要生存发展得好，就必须改革、创新。因为社会在发展，科技在进步，产品在更新，只有创新才能赶上时代的潮流，站到科技领域的前沿，才能占领市场。

3.创新是企业实现持续发展的重要源泉

企业持续发展是指企业不仅能在特定的条件下实现发展，而且能在变化的条件下发展；不仅在短期内实现发展，而且能在较长的时间内实现发展。企业持续发展的关键在于它能不断调整自己的行为，适应时代和社会发展的要求。综观大多数成功的企业，其由小到大、由弱到强，无不是以不断创新来实现的。企业发展离不开创新，创新能使企业更好地发展。只有无论是在逆境还是顺境中都能从容应对的企业，才能持续不断地发展。而这种从容不是任何企业都能具备的，只有通过不断创新，并且将创新与企业生存的环境协调起来，才能达到。

4.创新是企业提升素质和提高经济效益的根本途径

通过技术创新，可以改善研制条件，提高研制能力，提高企业的基本素质，从而改进产品或设计，开发或推广新技术、新工艺，加速新工艺在企业中的应用，降低成本，提高生产效率；通过管理创新和组织创新，可以改善企业管理，完善企业组织，重塑企业市场形象，开发企业创新人才等，从而提升企业行为素质，提高企业适应市场的能力和工作效率，全面提高企业经济效益。

5.创新是提高企业竞争力的有效方式

企业要发展，必须面对激烈的市场竞争，而要想在市场竞争中占有一席之地，必须从知识经济的要求出发，从市场环境的变化出发，不断调整自己的经营发展战略，在调整过程中不断进行创新。企业只有通过技术、管理、制度、市场、观念、战略等诸方面的创造和创新，才能适应市场运行的法则——优胜劣汰，在市场竞争中占据主动，成为竞争的优胜者。

6.创新可以利用剩余生产能力，产生联动效应

企业由卖方市场转向买方市场，中国经济整体上呈现出供大于求，不少企业的生产能力过剩，企业资源利用率低。但如果能开动脑筋，积极开拓，结合实际，深入了解市场，在技术上和市场经营上大胆创新，就有可能充分利用现有剩余的生产能力，生产出满足消费者需要的新产品，获得社会效益和企业效益。同时，一种产品尤其是新产品成功进入市场后，随着该产品销售量的增加，其他相关产品的销售量也会随之增加，这就是创新的联动效应。

1.2 创新的基本内容

1.2.1 技术创新

科学技术是第一生产力,企业是完成科技成果转化为现实生产力的载体,必须依靠科技进步来求得企业的发展。技术创新是实现企业技术进步的重要手段,对增强企业竞争优势,促进国民经济增长和企业持续发展有着重要的推动作用。伴随着知识经济和网络信息革命的兴起,技术创新已在很大程度上代表着一个国家、一个企业在国际舞台上的地位和竞争实力,而技术创新又是通过技术管理的创新来实现的,技术管理创新是技术创新能否实现的保证。因而,从广义上说,技术创新也是管理创新的一项重要内容。

(一)技术创新的内涵

何谓"技术创新"?至今尚无一个统一的定义,但不管持何种观点,有一点是共同的,就是技术创新必须实现商业化应用。综合考虑之下,作者比较赞成这样一种观点:技术创新是指由技术的新构想,经过研究开发或技术组合到获得实际应用,并产生经济、社会效益的商业化全过程的活动。这里的"技术的新构想"指新产品、新服务、新工艺的新构想,"技术组合"指将现有技术进行新的组合,"实际应用"是指生产出新产品、提供新的服务,采用新的工艺或对产品、服务、工艺的改进。由此可见,技术创新是一个以技术构想的产生为起点,以技术成果首次商业化为终点的系统工程。其基本思路是以市场为导向,以企业为主体,以新技术的开发应用为手段,以提高经济、社会效益为目标,通过新技术的开发应用增强企业竞争力,培育新的经济增长点。

(二)技术创新的主要类型

技术创新可以从不同的角度进行不同的分类,在经济学界,讨论"技术创新类型"的理论意义和政策意义的著述比较多,具有一定代表性的技术创新分类有以下几种:

1.产品创新与工艺创新

按创新的对象分,技术创新可以分为产品创新和工艺创新。产品创新,即创新的目的是得到新的或者某种改进、改善的产品的创新活动。工艺创新,即设计并采用某种新的加工方法,包括改进和革新原有工艺技术条件。

2.企业创新与产业创新

按创新的规模分,技术创新可以分为企业创新和产业创新。企业创新,主要是指以企业的产品开发、工艺革新、市场开拓,组织及管理变革为内容的创新活动。

产业创新,则是某一类技术创新的产业化。

3.原理独创型、结构综合型、功能移植型与局部革新型创新

按创新的性质分,技术创新可以分为原理独创型、结构综合型、功能移植型与局部革新型创新。

(1)原理独创型的技术创新:根据科学研究所发现的科学原理,经过应用科学研究的探索得到的技术原理,创造出全新的技术实体。例如:马·可尼按照麦克斯韦的电磁波原理创造出无线电通信技术。

(2)结合综合型的技术创新:把几种科学原理所规定的现有技术重新组合起来,创造出结构形式全新的技术装置、手段和工艺。

(3)功能移植型的技术创新:根据自然规律在各种不同情况下的各种特殊表现,按现有的成熟技术在不同条件下的不同功能作用,把它移植推广应用到其他领域中去,扩大技术的功能范围。

(4)局部革新型的技术创新:在原有技术主体部分基本原理不变的情况下,对其缺陷不足的部分加以改进,使之不断完善和成熟起来,更加适应人的需要。

4.资本节约型技术创新、劳动节约型技术创新与中性技术创新

按创新的效益分,创新可带来生产要素的节约,包括资本节约型技术创新、劳动节约型技术创新和中性技术创新。

(1)资本节约型技术创新,即在创新完成之后,可使商品价值构成中活劳动凝结的价值比重增大,物化劳动转移价值的比重减小。在这种情况下,商品生产向资本密集型靠拢。

(2)劳动节约型技术创新,即在创新完成之后,可使商品价值构成中物化劳动转移价值比重增大,活劳动凝结的价值比重减小。在这种情况下,商品生产向资本密集型靠拢。

(3)中性技术创新,即在创新完成之后,生产效率提高,商品内含的价值减少,但在商品价值构成中,活劳动凝结的价值和物化劳动转移价值所占比重不变。

5.渐进性创新与根本性创新

按创新的程度分,技术创新可以分为渐进性创新和根本性创新。

(1)渐进性创新是指对现有技术的改进引起的渐进的、连续的创新。通常针对当前市场和顾客的变化改进技术,虽然不彻底,但对产品的成本降低和性能提高有明显的累积效果,从而对延长产品生命周期、提高生产率具有重大的影响。

(2)根本性创新是指技术有重大突破的技术创新。它是一种跳跃式的创新,往往通过全新的方式生产产品和改善服务。

(三)技术创新战略的模式及选择

企业要进行技术创新,必须要制定适合自身特点的技术创新战略,这是技术创新成功的有力保障。技术创新战略是指企业进行技术创新经济活动的总的谋划。通常又有以下几种模式可供选择:1.自主创新

自主创新是指企业通过自身的努力和探索,取得技术突破,攻克技术难关,并在此基础上依靠自身的能力推动创新的后续环节,完成技术的商品化,获取市场收益的创新。

自主创新的优势表现为:

(1)技术壁垒优势。由于自主创新企业的技术突破来自于企业内部,从而有助于企业形成较强的技术壁垒。模仿者对新技术的解密、消化需要一定的时间,而有些技术的解密十分困难,如可口可乐诞生一百多年来,无数竞争对手试图破译其产品配方和生产工艺,结果一无所获。因此,自主创新企业能在一定时期内掌握和控制某项产品或工艺的核心技术,在一定程度上左右行业或产品技术发展的进程和方向。

(2)垄断优势。自主创新一般都是新市场的开拓者,在产品投放市场的初期,自主创新企业将处于完全独占性垄断地位,可获得大量的垄断超额利润,使企业

的新产品具有极高的经济附加值。

(3)专利优势。自主创新成果可以通过专利的形式加以巩固,借助专利保护,企业可确定是否转让其核心技术,向谁转让,何时转让等,使企业在竞争中处于十分有利的地位。

(4)制定标准。由于自主创新企业在技术方面的率先性,其产品的标准和技术规范很可能演变成为行业统一认定的标准,迫使后来者接受这一标准,成为其跟随者。统一标准的确定将奠定自主创新企业在行业中的核心地位,极大地增强了企业的竞争力。

此外,自主创新企业还能够较早建立起原料供应和产品销售网,率先占领产品生产所需的稀缺资源,开辟良好的销售渠道,使得创新产品在组织生产和市场销售方面有较强的保障。

自主创新的劣势表现为:

(1)开拓成本大。自主创新常常要承担巨大的研究开发成本,并非一般企业所能承受。

(2)风险高。核心技术一旦被泄漏、解密,或者出现不能进行自身的完善等情况则可能使自主创新者前期的研发投资化为乌有,使企业遭受巨大损失。因此,实施自主创新一定要充分利用专利制度保护知识产权,注意产品的自我完善,并且重视对创新的后续投入。

(3)人员素质要求高。自主创新企业难以在社会上招聘到高素质的研发人才和熟练的技术工人。

2.模仿创新

所谓模仿创新,是指在率先创新者的示范影响和利益机制驱动之下,企业通过合法手段引进技术,在率先创新者技术的基础上进行改进的创新方式。模仿创新绝不意味着单纯的照搬抄袭,而要根据市场的需求对技术进行适当的改进。

模仿创新的优势表现为:

(1)通过学习、模仿技术领先者的经验和长处,可以减少技术研究与开发的投入,降低成本水平,减少投资风险。

(2)通过学习和分析技术领先者的战略及其得失,寻求更好满足市场需要的技术战略，有可能获得后来居上的差异化竞争优势。

当然，模仿创新战略也有其自身不可避免的劣势：

(1)由于只是先进技术的跟进者，因此在技术方面只能被动适应，难以进行长远的规划；在市场方面被动跟随市场定位，不利于营销渠道的巩固和发展。

(2)模仿创新战略有时会受到进入壁垒的制约而影响实施的效果。

3.合作创新

所谓合作创新，是指以企业为主体，企业与企业，企业与研究院、所或高等院校合作推动技术创新的创新形式。合作创新通常以合作伙伴的共同利益为基础，以资源共享或优势互补为前提，有明确的合作目标、合作期限和合作规则，合作各方在技术创新的全过程或某些环节共同投入，共同参与，共享成果，共担风险。

合作创新有利于在不同的合作主体间实现资源共享、优势互补；有利于缩短创新时间、增强企业竞争地位；有利于打破产业和地区壁垒；有利于分摊创新成本和分散创新风险。

企业到底选择何种战略，要根据企业宗旨与发展目标、总体经营战略实力、产业竞争态势和国家政策等因素，进行综合评判后做出自己的选择。

1.2.2 制度创新

制度创新是一种有着丰富内涵和很高要求的系统工程。现代企业制度不是指某一单项的制度，而是通过企业构成的反映新型生产关系的制度体系。制度创新的过程就是理顺这些关系并使之制度化的过程。

对于我国大多数企业来说，制度创新显得尤为迫切和关键。几十年来与计划经济体制相适应的企业制度已经成为严重制约企业技术创新、营销创新的桎梏。产权制度改革的不到位，经济制度的落后，管理制度的乏力，使得企业没有真正进入市场，故而缺乏市场压力和参与市场竞争的动力。

(一)制度创新的内涵

制度是组织运行方式的原则规定，是对其成员的权、责、利关系的合理界定。因此企业制度就是将企业作为一个有机体组织，为了实现企业既定目标和实现内部资源与外部环境的协调，在财产关系、组织结构、运行机制和管理规范等方面的一系列制度安排。

企业制度主要包括产权制度、经营制度(或称经营机制)和管理制度三个不同层次、不同方面的内容。

(1)产权制度。它是决定企业其他制度的根本性制度，规定着企业所有者对企业的权利、利益和责任。按照资源配置方式的不同，有计划配置方式下的"公有制单位"形式和市场配置形式下的"企业制"形式。而企业制度按其产权归属及历史发展顺序可分为业主制、合伙制和公司制三种类型。

(2)经营制度。它由有关经营权的归属及行使权力的条件、范围、限制等方面的原则规定，构成公司的内部治理结构，包括目标机制、激励机制和约束机制等。

(3)管理制度。它是行使经营权，组织企业日常经营的各项具体规则的总称，包括材料、资金、设备、劳动力等各种因素的取得和使用的规定，分配制度是其最重要的内容之一。

从以上有关企业制度含义的分析可以看出，企业的制度创新就是实现企业制度的变革，通过调整和优化企业所有者、经营者和劳动者三者之间的关系，使各个方面的权利和利益得到充分的体现；不断调整企业的组织结构和修正完善企业内部的各项规章制度，使企业内部各种要素合理配置，并发挥最大限度的效能。我国目前的企业制度创新主要是建立现代企业制度，它是企业产权制度、经营制度、管理制度的综合创新。

(二)制度创新的基本内容

从国际国内企业的实践来看，企业制度创新的具体内容是很丰富的。因此，企业制度创新的内容只能在基本内容的层次上加以总结。

1.产权制度创新

企业产权制度创新是企业制度创新的核心，是深化企业改革、转换企业经营机制的关键。

企业产权制度创新的目标是产权关系明晰化、产权结构多元化、国有资产存量化。建立企业法人制度有利于明晰企业产权制度与所有者的产权；为了实现投资主体多元化，可以通过法人相互持股来实现；建立出资人制度可以保证出资人只承担有限责任；将国有资产从实物形态变为价值形态，有助于在流动中实现国有资产的保值增值。

根据我国的具体国情和国家的有关方针政策，不同类型的企业可以采取不同的方式。国有大中型企业可以实行规范化的公司制改造；有些国有企业则可以采取多种方式改为混合所有制；对于小型国有企业则可以实行转让、拍卖、租赁、股份合作制或国有民营等多种方式进行放活。

2.经营制度创新

根据政企分开的原则和建立股份制的要求，企业经营制度创新的基本方向是建立起企业完全自主经营的领导体制，建立起董事会领导下的总经理负责制。由各股东代表组成的股东大会，是公司的最高权力机构；股东大会选举产生董事会；董事会聘任总经理。相互之间形成监督、制衡的关系。建立规范的法人治理结构和公司董事会议事规则以及董事决策责任追究制度，实现董事会集体决策与授权董事长决策的有机结合。吸收外部专家进入董事会，建立独立董事制度，提高董事会的工作效率和质量。完善企业监事会职能，确保监事会的独立性和事前监督，形成有效的内部监督机制。

3.管理制度创新

企业管理制度用于规范企业与员工的关系，确立内部各种行为方式，协调各方面的利益。企业管理制度的创新应当遵循以下原则：

(1)激励与约束相容的原则。制度安排应当有助于克服各当事人的机会主义动机，使各利益主体共同为追求企业的目标而努力。

(2)竞争性原则。将企业的外部竞争引入企业内部，在各种生产要素之间、员工之间建立有效的内部竞争机制。

(3)个性化原则。各个企业应当结合本企业的特点，建立符合本企业需求的管理制度，形成管理特色。

(4)系统性原则。企业管理制度应当包含人、财、物、供、产、销以及安全、质量等方面的管理，构成一个完整的网络和系统。

管理制度创新的范围是相当广泛的，几乎涉及企业生产、销售、经营、分配的方方面面：

(1)制定完善的组织制度，明确权责关系。首先，一个完善的组织制度的建立能够明确不同职能员工的隶属关系，明确在职人员的权责关系和工作内容范围，避免不必要的相互推诿和"踢皮球"等不正常的现象出现；增强各职能部门和在职人员的责任心，为企业实施奖惩制度、激励制度、用人制度，做到有据可依，有章可循。其次，明确的职责关系能够制衡权力滥用和越级、越权办事情况的发生，帮助企业从"人治"向"法治"过渡，建立现代化的企业管理机制和体系。最后，完善的组织制度也有助于对不同反馈和声音作出及时和有效的反应，如扁平化组织结构减少了企业的汇报层次，能及时汇通，了解生产第一线和顾客需求，建立以市场为导向的运作机制。

(2)制定完善的人事制度，建立科学的人才评估和人才选拔机制。一个完善的人事制度有助于企业坚持"三公"原则，解决人才评估和人才选拔的问题。公开原则坚持人才考评制度的透明度，避免暗箱操作。公平原则要确保以人为本，兼顾德、勤，任人唯贤，将具备"德、能、勤、绩"的人才放到适合的岗位上，实现竞争上岗。公正原则着重于人才选拔制度的标准化和科学化。一个企业要确保"三公"原则的真正实施，必须建立完善的人事制度体系和监督体系，对"才"不对"人"，对所有员工做到一视同仁，用"成绩"代替"感情和人际关系"。

(3)以市场为先导，建立有效的分配制度和激励制度。首先，现在的国企中多实行企业效益工资，而不是实行以市场行情为依据的"市场薪酬"。这就使员工价值无法和市场价值相匹配，造成"不该走的走了，不该留的留了，想要的人进不来"的局面。其次，企业领导人在企业中所发挥的价值没有得到很好的激励，因此企业领导人缺乏开拓创新动力，缺乏将企业经营好的主观愿望和冲动。最后，物质奖励和精神奖励没有相得益彰。对于有重大贡献和特殊贡献的员工奖励多侧重于精神和荣誉奖励，而在物质上的奖励缺乏必要的激励。

以市场行情为依据，以绩效付酬为原则，改变"大锅饭"和平均主义的传统分配制度，建立科学和合理化的激励体系和分配制度，体现真正意义上的"多劳多得，少劳少得，不劳不得"的精神，才能激发员工的能动性和创造性。

管理制度创新主要是企业劳动人事分配制度的创新。企业应当进一步推进经营者的职业化和市场化，不断完善经营者的择优录用、竞争上岗机制，积极探索和推行年薪制、期权股份制、特殊劳动贡献分红等各种要素分配形式，使经营者既有薪金收益，又有股权收益，形成有效的经营者激励与约束机制。企业应当进一步深化用工和分配制度改革，建立健全公平的竞争机制。

(三)制度创新的作用

首先，制度创新对企业发展有深远的影响。适时的制度创新能够使企业趋利避害、起死回生。举世闻名的美国三大汽车公司之一的克莱斯勒公司，可以说是美国19世纪后期建立起来的最大的公司，曾享誉全球。但一度因体制僵化等原因，濒临破产边缘。后来由于它的领导人艾柯卡按照新的原则和结构，改组了公司，强化了公司的集中统一领导，精简机构，开源节流，建立新的财务、人事、销售体制，才使公司从绝境中起死回生，又成为美国乃至当代汽车生产王国里的"巨人"。

其次，制度创新是技术创新等其他创新的基础。没有制度创新，其他创新就无法保证。企业的技术创新、营销创新等一系列的创新活动必须内化于企业制度中，才能更好地发挥投资者、经营者、生产者甚至消费者创新的积极性，从而形成一种主动创新和持续创新冲动。因此，制度创新是其他创新活动的前提和源泉。

从这个意义上说，生活在我们这个时代的每一个企业和每一个企业家，都应当学会从高处和远处打量自己，随时发现自己的弱点和缺点，通过制度创新，迅速加以克服，并赶上和超越对手。

1.2.3 组织创新

现代经济的复杂、多变及市场竞争的激烈性，要求企业的组织必须具有动态的特征，传统的管理思想和组织模式受到越来越严峻的考验，对组织不断地进行变革和创新，以实现企业组织与管理的全局性优化组合和整体效益的提高将成为企业组织与管理发展的一大趋势。

(一)组织创新的要求

在知识经济时代，知识成为企业最重要的投入资本，知识与技术的创新能力决定着企业最根本的竞争力，而这一切都是由人来承担和组织实施的。使企业的员工能充分、迅速地共享与交流知识和信息需要组织创新的保障,然而传统的企业组织形式已显然不具备这一特征,迅速的市场变化对组织创新提出了新的要求。

(1)组织中以知识流取代工业经济时代的物流和资金流成为组织结构的主线。通过跨领域学习和基于知识、信息共享上的合作,实现组织知识的生产、更新、传播、使用;同时建立共享知识和不断学习的组织理念,组织才能变成终身学习和知识创新的基地。

(2)组织中要建立智慧集成、跨学科合作研究的环境和超越传统界限的生产、研究开发等系统,打破工业经济时代企业内部各部门条块分割的界限。

(3)组织中要建立宽松的工作环境和培养团队协作精神,建成等级制和网络结构相结合的柔性体制。与此相对应,组织的领导方式需从工业经济时代的"官僚主义"方式向以协调、沟通工作为主的新型"领导"方式转变。

(4)组织的外部关系上,竞争和协作并重,既竞争又合作。

(二)组织创新的基本趋势

在知识经济和经济全球化的推动下,企业组织创新主要呈现三大趋势:一是围绕提高企业应变能力、价值增值能力,进行企业流程再造、划小核算单位,使组织规模小型化;二是努力降低管理层次,加强横向联系,建立虚拟企业和团队组织,使组织结构扁平化、网络化;三是重新调整企业与市场的关系,调整企业供应链,建立企业间的战略联盟。

现以企业业务流程再造为例。业务流程再造(Business Process Reengineering,简称BPR)作为组织创新的显著趋势之一是指通过重新进行企业业务流程的设计,拆除在市场、设计、生产、销售、财务、人事和辅助工作等之间设置的"围墙",构建新的企业组织结构和分工体系,形成既能对市场需求做出快速反应,又有较高盈利能力的企业组织的创新。企业进行业务流程再造的核心目标是要塑造企业的核心业务,改造过去那种"大而全"、"小而全"的层级式组织,从而提高核心业务竞争能力和盈利能力,形成灵活、高效的企业组织结构。

(三)面向未来组织创新——学习型组织

21世纪的组织将是学习型组织。早在20世纪60年代,系统动力学创始人美国麻省斯隆管理学院的福瑞斯特教授(J.W.Forrester)在其发表的《一个新型公司设计》一文中就提出了今天学习型组织的雏形概念。所谓学习型组织是指具有如下特征的组织：组织结构扁平化、组织交流信息化、组织开放化，员工与管理者关系转为伙伴关系，组织能够不断调整内部结构关系等特征。一般认为，学习型组织是一个能够不断增强其创造性能力的组织，或者说是一个拥有知识并能对其进行管理和运用的组织，即能够不断"学习"知识、适应环境的组织。如今已有不少国际性大企业包括福特汽车公司、通用电气公司、微软公司、摩托罗拉公司、联邦快递公司等国际著名企业，正朝着学习型组织的新目标迈进。

1.2.4 观念创新

观念创新就是我们平时所说的转变观念或更新观念。无论制度创新、技术创新，还是营销创新、组织创新、文化创新等，观念创新是先导、是基础。中国企业当前最大的落后并非技术的落后，而是经营管理方面的落后，与西方发达国家的差距也不是经济发展的差距，而是经营观念上的差距。因此，企业的成功取决于观念的更新，落后的观念只能把企业引向"死胡同"。

(一)观念创新的内涵

观念创新是指形成能够比以前更好地适应企业内外部环境的变化并更有效地利用资源的新概念或新构想的活动，它是以前所未有的、能充分反映并满足人们某种物质或情感需要的意念或构想，来创造价值的活动。

观念创新是没有止境的，现在的新观念，经过几年之后，可能就变成了老观念。

因此，只有不断地进行观念创新，不断产生适应并领先时代发展的新思想、新观念，并具体落实在经营管理活动中，企业才能得到持续的发展；否则，就会在市场竞争中被淘汰。从这个意义上来说，观念创新，是创新成功的导向，是其他各项创新的前提。

(二)观念创新与环境变化的关系

观念创新与环境变化之间存在三种基本关系：

(1)超前型。观念创新领先于环境变化，有一个时间的提前量，做好准备应付环境变化。

(2)同步型。观念创新基本与环境变化同步，及时根据环境变化进行观念创新。

(3)滞后型。观念变革跟不上或适应不了环境变化，观念落后在后面，少变、慢变或不变。作为经营者应该自觉进行观念创新，力求超前，至少同步，绝不滞后。

优秀企业首先需要的不是大量的资本，不是利润指标，不是先进的计算机管理系统，而是不断创新的思想观念。持续的观念创新，是企业健康稳定持续发展的要诀，是企业各项创新的导向和关键。

1.2.5 产品创新

产品是劳动者借助劳动手段作用于劳动对象创造出来的成果，是企业对社会做出的贡献。产品要为社会所承认，通过销售取得收入以抵偿其耗费并获得盈利，方能使企业存在和发展。当今社会，需求变化和科技进步的速度加快，产品生命周期缩短，市场竞争激烈。为了占领市场、扩大市场、开拓新市场、增加销售额和盈利额，产品创新已成为企业的生命线，是企业创新的核心内容。

产品的概念不只是一个物质形态，而是包括反映物质形体的功能(即用途)、性能(如效率、消耗、安全性、可靠性、适应性等)、外观(如外形、色彩、包装装潢等)、品牌商标以及附加服务和利益(如质量保证、销售服务、融资方便)等各要素在内的完整概念。

产品创新就是根据市场需求的变化和科学技术的进步，从完整产品概念的诸方面构成要素来改造老产品，创造新产品。当前产品创新的主要方向是多功能化、高性能化、小型化、简易化、多样化、美观化。

1.2.6 市场创新

市场创新即市场开拓，主要是指企业通过自身努力去刺激需求、引导需求，推动消费者消费行为的实现，不断地拓展现有产品市场，开辟新的产品市场。

市场需求是企业创新的起源和动力，也是企业能否持续和扩大创新的制约条件，因为企业创新的最终实现，都要以市场接受和回报为标志。市场需求的创造，与许多企业外的其他组织都有密切的关系，如政府有关组织、金融组织等。对企业自身而言，市场需求的创造就是市场创新。企业市场创新的内容，一是在数量、质量、时间、空间方面继续拓展现有产品市场；二是开辟新的产品市场，创造新需求，刺激需求结构的改变。企业市场创新的实现途径，既包括产品创新、生产技术创新，也包括全部营销活动的创新。产品创新和生产技术创新无疑是市场创新的主要实现途径，它们与市场创新相互作用、相互影响。营销创新的内容广泛，是实现市场创新的重要途径，同样不可忽视。营销创新一般有营销观念、营销组合的创新，包括实施绿色营销、网络营销以及品牌、形象、文化等营销。

1.3 创新意识

1.3.1 创新意识概述

1.创新意识的内涵

创新意识作为一种复杂的心理活动形式，是指人们根据社会和个体生活发展的需要，引起创造前所未有的事物或观念的动机，并在创造活动中表现出的意向、愿望和设想。

创新意识是人们对创新与创新的价值性、重要性的一种认识水平、认识程度以及由此形成的对待创新的态度，并以这种态度来规范和调整自己的活动方向的一种稳定的精神态势。创新意识总是代表着一定社会主体奋斗的明确目标和价值指向性，成为一定主体产生稳定、持久创新需要、价值追求和思维定式以及理性自觉的推动力量，成为唤醒、激励和发挥人所蕴涵的潜在本质力量的重要精神力量。

2.创新意识的特征

(1)新颖性。创新意识或是为了满足新的社会需求,或是用新的方式更好地满足原来的社会需求,创新意识是求新意识。

(2)社会历史性。创新意识是以提高物质生活和精神生活水平需要为出发点的,而这种需要很大程度上受具体的社会历史条件制约,在阶级社会里,创新意识受阶级性和道德观影响制约。人们的创新意识激起的创造活动和产生的创造成果,应为人类进步和社会发展服务;创新意识必须考虑社会效果。

(3)个体差异性。人们的创新意识和他们的社会地位、环境氛围、文化素养、兴趣爱好、情感志趣等方面都有一定的联系,这些因素对创新意识的产生起到重大影响作用。而这类因素也是因人而异,因此对于创新意识既要考察社会背景,又要考察其文化素养和志趣动机。

3.创新意识的作用

(1)创新意识是决定一个国家、民族创新能力最直接的精神力量。在今天,创新能力实际就是国家、民族发展能力的代名词,是一个国家和民族解决自身生存、发展问题能力大小的最客观和最重要的标志。

(2)创新意识促成社会多种因素的变化,推动社会的全面进步。创新意识根源于社会生产方式,它的形成和发展必然进一步推动社会生产方式的进步,从而带动经济的飞速发展,促进上层建筑的进步。创新意识进一步推动人的思想解放,有利于人们形成开拓意识、领先意识等先进观念;创新意识会促进社会政治向更加民主、宽容的方向发展,这是创新发展需要的基本社会条件。这些条件反过来又促进创新意识的扩展,更有利于创新活动的进行。

(3)创新意识能促成人才素质结构的变化,提升人的本质力量。创新实质上确定了一种新的人才标准,它代表着人才素质变化的性质和方向,它传递着一种重要的信息:社会需要充满生机和活力的人、有开拓精神的人、有新思想道德素质和现代科学文化素质的人。它客观上引导人们朝这个目标提高自己的素质,使人的本质力量在更高的层次上得以确证。它激发人的主体性、能动性、创造性的进一步发挥,从而使人自身的内涵获得极大丰富和扩展。

1.3.2 创新意识的确立

创新意识是以思想活跃、不因循守旧、富于创造性和批判性、具有敢于标新立异、独树一帜的精神和追求为主要表现。只有具备强烈的创新意识，才能敢想前人没想过的事，敢创前人不曾创成的业。

大学生创新意识的培养要注重以下几个方面：

(1)大学生创新意识的培养和确立要注重培养求知欲。学而创，创而学。这是创新的根本途径。青年要具备勤奋求知精神，不断地学习新知识，才能在自主创新中发挥生力军作用。

(2)大学生创新意识的培养要注重培养好奇欲。将蒙昧时期的好奇心向求知时期的好奇心转化，这是坚持、发展好奇心的重要环节。要对自己接触到的现象保持旺盛的好奇心，要敢于在新奇的现象面前提出问题，不要怕问题简单，不要怕被人耻笑。

(3)大学生创新意识的培养要注重培养创造欲。不满足于现成的思想、观点、方法及物体的质量、功用，要经常思考如何在原有基础上创新发明、推陈出新，大脑里经常有"能否换个角度看问题?有没有更简捷有效的方法和途径"等问题盘旋。

(4)大学生创新意识的培养要注重培养其质疑欲。"学起于思，思源于疑"。有疑问才能促使学生去思考，去探索，去创新。因此，要鼓励青年大胆质疑、提出多种解决问题的方案及最佳方法。从多角度培养青年的思维能力，激励青年创新。鼓励青年提问，大胆质疑，是培养青年创新意识的重要途径。提出问题是取得知识的先导，只有提出问题，才能解决问题，从而认识才能前进。一定要以锐不可当的开拓精神，树立和提高自己的自信心，既要尊重名人和权威，虚心学习他们的丰富知识经验，又要敢于超过他们，在他们已进行的创造性劳动的基础上，再进行新的创造。创新意识的培养是一种严肃、严密、严格的创造活动，也要按客观规律办事；不能把创新意识培养简单化、表象化和庸俗化，降低创新精神的科学性和严肃性。

大学生在培养创新意识的过程中一定要注意树立科学的创新理念，明确创新的真实含义，既要面对现状勇于创新，又要防止把创新当时髦，空谈误国，把创新当成没有实质性新内涵的新提法、新名词；即要着眼于解决现有手段不能解决的问题，又要着眼于用发展的眼光、发展的思维制定解决未来可能出现的新情况、新问题的措施。大学生一定要注意把创新精神培养与科学求知态度结合起来，克服重创新的过程，轻创新的结果；克服重创新的数量，轻创新的质量；克服重一般的技术创造，轻科技含量高的、核心技术的创新的思想。大学生一定要注意把创新精神培养与继承中华民族优秀传统文化紧密结合，"天行健，君子以自强不息"。大力弘扬以爱国主义为核心的民族精神和以改革创新为核心的时代精神，与时俱进，增强民族自信心和自豪感，增强自己培养创新意识的信心、勇气和能力。

1.3.3 创新意识的激发

创新意识作为一种复杂的心理活动，来源于想象力。可以说，想象力是创新的基础，没有想象，就没有创造，善于创造就必须善于想象，特别是科学的想象力。

人力历史的发展，充分证明力想象力的重要性。古今中外，许多伟大的科学家、发明家、思想家和艺术家都具有丰富的想象力，许多伟大的科学理论和发明创造都萌芽于想象。

爱因斯坦认为，想象力比知识更重要。因为知识是有限的、相对固定的，而想象力可以概括世界的一切，并且是知识进化的源泉，是科学研究的动力。可以说，没有想象力，就没有创新；没有创新，就没有历史的进化和人类的进步。因此，激发创新意识，发挥想象力，是促进个人、企业乃至一个国家发展的必由之路。

激发创新意识，可以从身边做起，从我们已知的一切入手，如街边的路牌、途中的风景、吃饭的餐具、工作的桌椅，等等。很多人都有上网购物的习惯，这不仅是积累各方知识及了解时下流行视觉趋势的好方法，无形中也丰富了我们的创意阅历，为借鉴创意中下良好的因子。在工作中，当我们为找不出一个好的创意解决方案而挠头时，可以吸取日常工作、生活中的所见所闻，从其中的一个点，或者一个表现出发，借鉴其成果之处，拓宽创意思路，往往可以做出优质的创新设计。

第 2 章 创新思维

从狭义上讲，创新思维是一种具有开创意义的思维活动，即开拓人类认识新领域，开创人类认识新成果的思维活动，它往往表现为发明新技术、形成新观念，提出新方案，创建新理论等。从广义上讲，创新思维不仅表现为做出了完整的新发型和新发明的思维过程，而且还表现在思考的方法和技巧上，以及在某些局部的结论和见解上具有新奇独到之处。

2.1 创新思维概述

2.1.1 创新思维的含义

创新思维是指以新颖独创的方法解决问题的思维过程。通过这种思维能突破常规思维的界限，以超常规甚至反常规的方法、视角去思考问题，提出与众不同的解决方案，从而产生新颖的、独到的、有社会意义的思维成果。

创新思维的本质在于将创新意识的感性愿望提升到理性的探索上，实现创新活动由感性认识到理性思考的飞跃。

2.1.2 创新思维的基本原理

1.迁移原理

迁移原理分为原型启发、相似原理、移植原理三种类型。

(1)原型启发

原型启发是指根据自然界已存在的事物和现象的功能和结构，受到启发，产生新的思想、观念和技术。

锯子的发明：中国古代木匠鲁班发明的锯子就是典型的原型启发。一次，鲁班在爬山时，不小心被茅草划破了手，他观察发现茅草叶片边缘呈细齿状。于是，他受到叶片细齿产生锋利现象的启发，发明了木工用的锯子。鲁班也因此成为了木匠的创始人。

充气轮胎的发明：英国医生邓禄普发现儿子在卵石路上骑自行车，颠簸得很厉害。那时车胎还没有充气内胎，他一直担心儿子会受伤。后来他在花园中浇水时，手里感受到橡胶管的弹性，他从中受到启发，便用水管制成了第一个充气轮胎。

(2)相似原理

相似就是根据两个相同或相近的事物，把其中一个事物的结构和原理，应用到另一个事物上。

汽化器的发明：美国工程师杜里埃认为，为了保证内燃机有效的工作，必须使汽油和空气能均匀地混合，他一直在寻找解决这一问题的办法。当他看到妻子喷洒香水后，于是创造了汽化器，汽化器与喷雾器相似，这是相似原理的体现。

(3)移植原理

移植是指将某一个领域的原理、方法、结构、用途等移植到另一个领域中去，从而产生新的事物和观念。它山之石，可以攻玉。移植原理就是把一个研究对象的概念、原理和方法等运用于其他研究之中。

依照两栖动物的生理特点，科学家发明了水陆两用交通工具。仿照人的手掌、手指，科学家又发明了挖土机。还有如剪刀、钳子、起子、木梳等，都是仿生移植的效应。

2.组合原理

组合很容易导致创造发明，甚至也能导致重大的创造发明。例如，我们常见到的多用柜、两用笔、组合文具盒等，都体现出组合原理。

美国的"阿波罗"登月计划，可谓是当代最大型的发明创造结晶之一。然而，"阿波罗"计划的负责人曾直言不讳地讲过，"阿波罗"宇宙飞船的技术没有一项是新的突破，都是采用已有的技术。问题的关键在于按照系统学的原理使各部分既精确又协调地组合起来。

组合原理分为主体附加、异类组合、同物组合、重组组合四种类型。

(1)主体附加

这种组合就是在原有的技术思想中补充新的内容，在原有的物质产品上增加新的附件，从而使新的物品性能更好、功能更强的组合技法。这种技法最易产生新的组合设想，其特点是：以原有技术思想或原有物质产品为主体；附加技术思想只起补充、完善或利用主体技术思想的作用。

(2)异类组合

两种或两种以上不同领域的技术思想的组合，以及不同的物质产品的组合，都属于异类组合。异类组合的特点是：组合对象来自不同的方面，一般无所谓主次关系；组合过程中，参与组合的对象从意义、原则、构造、成分、功能等任一方面或多方面相互渗透，整体变化显著；异类组合是异类求同，因此，创造性很强。例如，手表、圆珠笔、日历、收音机、吹风、电熨斗等组合。

(3)同物组合

同物组合是指若干相同或相近事物的组合。它的特点是：组合的对象是两个或两个以上的同一事物；参与组合的对象同组合前相比，基本原理和基本结构一般没有根本性的变化，组合具有对称性或一致性的趋向。同物组合的创造目的是，在保持事物原有意义的前提下，通过数量的增加，来弥补不足功能，或求取新的功能，或发生新的意义。而这种新功能或新意义，是事物单独存在时(即组合前)不具有的。例如"母子灯""双拉锁"等。

(4)重组组合

重组组合是指在事物的不同层次上分解原来的组合，然后再以新的意图重新组合起来。它的特点是：组合在一件事物上进行，在组合过程中，一般不增加新的东西，主要是改变事物各组成部分间的相互关系。重组作为一种创造手段，可以更有效地挖掘和发挥现有技术的潜力。

3.分离原理

创造技法中的"减一减"的方法，就是基于这一原理产生的。它与组合原理是完全相反的另一个创造原理。例如，眼科专家把眼睛的镜架和镜片分离出来，发明了一种新型产品——隐形眼镜，从而缩短了镜片与眼球之间的距离，同时起到美容和矫正视力的双重作用。

4.还原原理

还原原理是指把创新对象的最主要功能抽出来，集中研究实现该功能的手段和方法，从中选取最佳方案。通俗地讲，还原原理就是回到根本，抓住关键。例如，打火机的发明就是还原原理的具体运用，它把最主要的功能——发火抽象出来，把摩擦发火改为气体或液体燃烧，从而突破了现有火柴的框框，获得了一大进步。

5.相反原理

相反原理是指在创造发明的过程中，当运用某种方法解决不了问题时，改用相反的方法。在发明创造中，有时遇到一个不能解决的难题往往需要迂回或从其反面或从其侧向的途径，则能顺利地解决，这就是创造的逆反原理。这种原理在创造中使用非常广泛，与它相关的思维方式是逆向思维。

相反原理分为功能相反、结构相反、因果相反和状态相反四种类型。

(1)功能相反

功能相反是指从已有事物的相反功能去设想和寻求解决问题的新途径，从而实现创新的思维形式。如德国某造纸厂，因一工人的疏忽生产中少放了一种胶料，制成了大量不合格的纸张。肇事工人拼命想解救的办法，慌乱中把墨水洒在了桌子上，随即用那种纸来擦，结果墨水被吸得干干净净，"变废为宝"的念头在他的头脑中闪过，就这样这批纸当作吸墨水纸全部卖了出去。后来又有人做了个带把的架子，把吸墨水纸装在上面，一个吸墨器就诞生了。

(2)结构相反

结构相反是指从已有事物的相反结构形式,去设想和寻求解决问题的新途径的思维形式。如第二次世界大战后,飞机设计师们把飞机的机翼由"平直机翼"改为"后掠机翼",使飞机的飞行速度由"亚音速"提高到"超音速"。

(3)因果相反

因果相反是指颠倒已有事物的因果关系,变因为果,去发现新的现象和规律,寻找解决问题的新途径的思维形式。如在发明史上,奥斯特发现电能生磁,发明电磁铁。法拉第则利用相反原理提出磁能生电,从而发明发电机。

(4)状态相反

状态相反是指根据事物的某一属性(如正与负、动与静、进与退、作用与反作用等)的反转来认识事物,从而引发创新的一种思维形式。如圆珠笔随笔珠的磨损变小而漏油,提高了笔珠耐磨性后,笔杆耐磨问题又出现了。日本人中田"反过来"考虑这个问题:为何不把注意力放在笔芯上呢?若将笔芯的油量适当减少,使圆珠笔在磨损漏油之前,芯里的油已经用完,不就无油可漏了吗?6.换元原理

换元是指对不能直接解决的问题采用"替代"方法,使问题得以解决或使创新思维活动深入展开。

换元分析就是要分析事物的三个基本要素——事物、特征和量值的分析,把不相容的问题转化为相容的问题,要找出转化为相容问题的最好办法。着重研究的变换规律,即如何对不相容问题中事物进行变换,使不相容的问题转化为相容问题时遵守什么法则。

7.利用原理

利用专利发明进行创新思维是指创新思维者借鉴已有成果和技术,依据他人的发明专利来启迪自己智慧,从而实现创新的过程。

对当代大学生来说,学习和掌握他人的发明专利既是掌握和了解现有技术及其转化的最佳途径,也是学习和掌握当今科学技术发展最新动态的途径,加上自己已掌握的科学技术知识以及在这个方面训练,对实现借鉴、创新是有很大帮助的。

2.1.3 创新思维的基本特征

创新思维在创造性活动中，应用新的方案和程序，创造新的思维产品的思维活动。它是在一般思维的基础上发展起来的多种思维的综合，有如下四个基本特征：1.发散思维和集中思维的统一

创新思维主要是发散思维和集中思维的统一。我们要解决某一创造性问题，首先进行发散思维，设想种种可能的方案；然后进行集中思维，通过比较分析，确定一种最佳方案。在创新思维中，发散思维和集中思维都是非常重要的，二者缺一不可。然而对于创新思维来说，发散思维更为重要，它是思维的创造性的主要体现。

发散思维可以突破思维定势和功能固着的局限，重新组合已的知识经验，找出许多新的可能的解决问题方案。它是一种开放性的没有固定的模式、方向和范围的，可以"标新立异""海阔天空""异想天开"的思维方式。没有发散思维就不能打破传统的框框，也就不能提出全新的解决问题的方案。

发散思维有以下三个指标：

(1)流畅性，指发散思维的量。单位时间内发散的量越多，流畅性越好。

(2)变通性，指思维在发散方向上所表现出的变化和灵活。

(3)独创性，指思维发散的新颖、新奇、独特的程度。

2.多有直觉思维出现

直觉思维是指不经过一步步地分析，而迅速地对问题答案作出合理猜测、设想或突然领悟的思维。它是创新思维活跃的一种表现，它不仅是创造发明的先导，也是创造活动的动力。直觉思维的结果，是使用逻辑思维所得不到的预见、捷径，或是解决问题的最佳方案的雏形。它往往从整体出发，用猜测、跳跃、压缩思维过程的方式，直觉而迅速地领悟。许多科学家的发明创造都是从直觉思维开始的。例如，达尔文通过观察植物幼苗顶端向阳光弯曲，直觉提出"其中有某种物质跑向背光一面"的设想，以后随科学的发展被证明确有"某种物质"即"植物生长素"。数学领域中的哥德巴赫猜想、费尔马猜想等都是当初数学大师未经论证而提出的一种直觉判断，但为后人所确信，并为此进行了论证。直觉思维作为创新

思维中的一个重要思维活动，具有三个特点：一是从整体上把握对象，而不是拘泥于细枝末节；二是对问题的实质的一种洞察，而不是停留于问题的表面现象；三是一种跳跃式思维，而不是按部就班地展开思维过程。直觉思维是在知识经验的基础上形成和进行的，丰富的知识经验有助于人们形成深邃的直觉。

3.创造想象参与

创新思维有创造想象的参与。因为创新思维的成果都是前所未有的，而个体在进行思维时借助于想象，特别是创造想象来进行探索。创新思维只有创造想象参与，才能从最高水平上对现有知识经验进行改造、组合，构筑出最完整、最理想的新形象。例如，牛顿的万有引力定律的提出就是以地球绕太阳运转、月亮绕地球运转、大海潮汐现象、苹果落地等事实为前提，先在头脑中进行创造想象，然后进行推理而产生的。世界著名的物理学家爱因斯坦在高度抽象的理论物理领域中有许多杰出的创造性成果，他大多是运用创造想象来进行研究的。他对想象力的评价是："想象力比知识更重要，因为知识是有限的，而想象力概括着世界的一切，推动着进步，并且是知识进化的源泉。严格地说，想象力是科学研究的根本因素。"

4.多有灵感出现

在创新思维过程中，新的解决问题的思路、方案的产生往往带有突然性，这种突然产生新思路、新方案的状态，称为灵感。它常给人一种豁然开朗、妙思突发的体验，使百思不得其解的问题顿释。对许多科学家的调查表明，他们在发明创造过程中，大多出现过灵感。灵感并不是什么神秘之物，它是思考者长期积累知识经验、勤于思考的结果。研究表明，灵感的出现有一定的规律性。首先，灵感出现的基本条件是，个体对所要研究的问题有一个长时间的思考，要反复考虑所要解决问题的一切方面、一切角度及一切可能。这种苦思冥想是灵感产生的前提。其实灵感的出现是对某问题的一切方面经过深入考虑之后达到的瓜熟蒂落、水到渠成的境界。其次，注意力高度集中在所要解决的问题上，甚至达到痴迷的程度。这样可以全心投入思考，使要解决的问题时时萦绕在心。最后，灵感出现的最佳时机是在长期紧张思考之后的短暂松弛状态下出现的，可能是在散步、洗澡、钓鱼、交谈、舒适地躺在床上的时候或其他比较轻松的时刻。因为紧张后的轻松之时，大脑灵活，感受力强，最易产生联想、触发新意。

2.1.4 创新思维的特点

1.独创性

独创性是创新思维的基本特点。创新思维活动是新颖的独特的思维过程，它打破传统和习惯，不按部就班，解放思想，向陈规戒律挑战，对常规事物怀疑，否定原有的框框，锐意改革，勇于创新。在创新思维过程中，人的思维积极活跃，能从与众不同的新角度提出问题，探索开拓别人没认识或者没完全认识的新领域，以独到的见解分析问题，用新的途径、方法解决问题，善于提出新的假说，善于想象出新的形象，思维过程中能独辟蹊径，标新立异，革新首创。

2.多向性

创新思维不受传统的单一的思想观念限制，思路开阔，从全方位提出问题，能提出较多的设想和答案，选择面宽广。思路若受阻，遇有难题，能灵活变换某种因素，从新角度去思考，调整思路，善于巧妙地转变思维方向，产生适合时宜的新办法。

3.综合性

创新思维能把大量的观察材料、事实和概念综合一起，进行概括、整理，形成科学的概念和体系。创新思维能对占有的材料加以深入分析，把握其个性特点，再从中归纳出事物规律。

4.联动性

创新思维具有由此及彼的联动性，是创新思维所具有的重要的思维能力。联动方向有三个方向：一是看到一种现象，就向纵深思考，探究其产生原因；二是逆向，发现一种现象，则想到它的反面；三是横向，能联想到与其相似或相关的事物。总之，创新思维的联动性表现为由浅入深，由小及大，触类旁通，举一反三，从而获得新的认为、新的发现。

5.跨越性

创新思维的思维进程带有很大的跨越性，省略了思维步骤，思维跨度较大，具有明显的跳跃性和直觉性。

2.1.5 创新思维的作用和意义

1.创新思维的作用

(1)创造性思维可以不断地增加人类知识的总量，不断推进人类认识世界的水平。创造性思维因其对象的潜在特征，表明它是向着未知或不完全知的领域进军，不断扩大着人们的认识范围，不断地把未被认识的东西变为可以认识和已经认识的东西，科学上每一次的发现和创造，都增加着人类的知识总量，为人类由必然王国进入自由王国不断地创造着条件。

(2)创造性思维可以不断地提高人类的认识能力。创造性思维的特征已表明，创造性思维是一种高超的艺术，创造性思维活动及过程中的内在的东西是无法模仿的。这内在的东西即创造性思维能力。这种能力的获得依赖于人们对历史和现状的深刻了解，依赖于敏锐的观察能力和分析问题能力，依赖于平时知识的积累和知识面的拓展。而每一次创造性思维过程就是一次锻炼思维能力的过程，因为要想获得对未知世界的认识，人们就要不断地探索前人没有采用过的思维方法、思考角度去进行思维，就要独创性地寻求没有先例的办法和途径去正确、有效地观察问题，分析问题和解决问题，从而极大地提高人类认识未知事物的能力，所以，认识能力的提高离不开创造性思维。

(3)创造性思维可以为实践开辟新的局面。创造性思维的独创性与风险性特征赋予了它敢于探索和创新的精神，在这种精神的支配下，人们不满于现状，不满于已有的知识和经验，总是力图探索客观世界中还未被认识的本质和规律，并以此为指导，进行开拓性的实践，开辟出人类实践活动的新领域。在中国，正是邓小平创造性的思维，提出了有中国特色的社会主义理论，才有了中国翻天覆地的变化，才有了今天的轰轰烈烈的改革实践。相反，若没有创造性的思维，人类躺在已有的知识和经验上，坐享其成，那么，人类的实践活动只能留在原有的水平上，实践活动的领域也非常狭小。

(4)创造性思维是将来人类的主要活动方式和内容。历史上曾经发生过的工业革命没有完全把人从体力劳动中解放出来，而目前世界范围内的新技术革命，带来了生产的变革，全面的自动化，把人从机械劳动和机器中解放出来，从事着控制信息、编制程序的脑力劳动，而人工智能技术的推广和应用，使人所从事的一些简单的、具有一定逻辑规则的思维活动，可以交给"人工智能"去完成，从而又部分地把人从简单脑力劳动中解放出来。这样，人将有充分的精力把自己的知识、智力用于创造性的思维活动，把人类的文明推向一个新的高度。

2.创新思维的意义

(1)创新思维促使知识融会贯通，知识优化组合。知识是多种多样的，一个人只能掌握一定量的知识范围，而由于创新思维的产生土壤绝不是贫瘠和单一的，这样就促使人们了解"上至天文，下至地理"多个领域，使知识的门类涉猎更广、体系化更强，同时在不断地思考和学习中，达到知识的融会贯通，知识优化组合。

(2)创新思维促使企业自主创新，培养国际品牌。中国的民族品牌的树立，需要依靠自主创新，企业的产品没有创新就没有市场，企业的发展没有创新就难以维持，管理陈旧没有创新难免死气沉沉，企业可能缺乏竞争力。因此创新思维对于企业而言，尤其重要。纵观当前国际市场，民族品牌屈指可数，寥寥无几，2008年的前世界500强新鲜出炉，前50强中，没有一家中国企业。究其原因，没有自主研发和创新的能力，亦步亦趋只能甘为人后。

中国的强大，离不开民族企业的发展，民族性国际品牌树立，是一个国家综合国力、经济实力的侧面体现，因此民族品牌的塑立，企业文化创新、研发创新、管理模式创新等，都离不开创新思维的支持。

(3)创新思维能解放想象力，促进教育体制的完善发展。随着社会的发展，创新作用越来越显示出巨大的作用。当前中国基础教育进行"新课改"，提倡素质教育。而创新思维就是素质教育之一——创新素质的核心。而基础教育"新课改"的实行，促进学生的多方面能力发展，促使学生的自主能动性得以发挥，想象力得到激发和保护。而想象力的延伸和发展，就是创新思维的源泉，因此创新思维促进了教育体制的完善发展，而这对社会的明天、民族的未来至关重要。

(4)创新思维能促进社会重视创意产业发展，督促立法体制的完善。当今行业类别宽泛，新兴行业的兴起需要创新思维，而很多艺术创作或文学创作行业同样需要创新思维。这些需要丰富的想象力、创造力进行不断创作的行业中，一个缺乏想象力、创造力的人，很难做出激发人们思考，引起人们共鸣，产生出好的作品。

针对这些行业门类，想象力和创造力就是评判它们是否适合此行业发展的标准。

因此对想象创造出的原创作品的推崇，就会促进人们以及社会对原创作品的保护意识。这样重视创新，有意识地保护创新思维成果，也促进了尊重原创，反对剽窃的行业正气，从而激发行业的蓬勃发展，推进相关部门对此类行业保护知识产权保护等立法，促进我国法律法规的完善之路。

2.2 创新思维的形式与训练

2.2.1 创新思维的形式

创新思维的形式多种多样，主要有以下几种：

1.延伸式思维

所谓延伸式思维，就是借助已有的知识，沿袭他人、前人的思维逻辑去探求未知的知识，将认识向前推移，从而丰富和完善原有知识体系的思维方式。

2.扩展式思维

所谓扩展式思维，就是将研究的对象范围加以拓广，从而获取新知识，使认识扩展的思维方式。

3.联想式思维

所谓联想式思维，就是将所观察到的某种现象与自己所要研究的对象加以联想思考，从而获得新知识的思维形式。

4.运用式思维

所谓运用式思维，就是运用普遍性原理研究具体事物的本质和规律，从而获得新的认识的思维形式。

5.逆向式思维

所谓逆向式思维，就是将原有结论或思维方式予以否定，而运用新的思维方式进行探究，从而获得新的认识的思维方式。

6.幻想式思维

所谓幻想式思维，是指人们对在现有理论和物质条件下，不可能成立的某些事实或结论进行幻想，从而推动人们获取新的认识的思维方式。

7.奇异式思维

所谓奇异式思维，就是对事物进行超越常规地进行思考，从而获得新知识的思维方式。

8.综合式思维

所谓综合式思维，就是在对事物的认识过程中，将上述几种思维形式中的某几种加以综合运用，从而获取新知识的思维形式。

创新思维形式是多种多样的，我们只有真正理解、掌握创新思维的多样性，在实践中灵活运用创新思维的多种形式，才能自由地步入创新领域，获取创新的丰硕成果。

2.2.2 创新思维的训练

(一)发散思维训练

1.发散思维的含义

发散思维又称放射思维、辐射思维、扩散思维和求异思维，是指大脑在思维时呈现的一种扩散状态的思维模式。发散思维是大脑在思维时呈现的一种扩散状态的思维模式，从一个问题(信息)出发，突破原有的圈，充分发挥想象力，经不同的途径、方向，以新的视角去探索，重组眼前的和记忆中的信息，产生出多种设想、答案，使问题得到圆满解决的思维方法。

2.发散思维的特点

(1)流畅性。流畅性就是观念的自由发挥，指单位时间内产生设想和答案的多少或者指在尽可能短的时间内生成并表达出尽可能多的思维观念以及较快地适应、消化新的思想观念。如砖、绳子、纸等的用途。

流畅性衡量思维发散的速度(单位时间的量)，可以看成发散思维"量"的指标，是基础。其包括字、词的流畅性、图形的流畅性、观念的流畅性、联想的流畅性以及表达的流畅性。其中，字词的流畅性和表达的流畅性显得更为重要。

(2)变通性。变通性是指提出设想或答案方向上所表现出的灵活程度，是克服人们头脑中某种自己设置的僵化的思维框架，按照某一新的方向来思索问题的过程。

变通性是发散思维的"质"指标，表现了发散思维的灵活性，是思维发散的关键。变通性是指知识运用上的灵活性，观察问题的多层次、多视角。

(3)独特性。独特性是指人们在发散思维中作出不同寻常的异于他人的新奇反应的能力。独特性是发散思维的本质，表现发散思维的新奇成分，是思维发散的目的。独特性也可称之为独创性、求异性，这一点是创新思维的基本特征和标志。没有这个特征的思维活动，都不属于创新思维，这是发散思维的最高目标，能形成与众不同的独特见解，让思维活动进入创新的高级阶段。

(4)多感官性。发散性思维不仅运用视觉思维和听觉思维，而且也充分利用其他感官接收信息并进行加工。发散思维还与情感有着密切的关系。如果思维者能够想办法激发兴趣，产生激情，把信息感性化，赋予信息以感情色彩，那么就会提高发散思维的速度与效果。

在日常的学习生活中，我们要特别重视多感官训练，通过调动身体各个器官，体验视觉、听觉、嗅觉、触觉等感官刺激，减缓不正常张力变化、减低焦虑不安的情绪，全方位地激发兴趣，全身心地为学习服务。

3.发散思维的作用

发散思维具有以下三方面的积极作用：首先是核心性作用。发散思维在整个创新思维结构中的核心作用十分明显。美国著名心理学家吉尔福特(Guilford，1897—1987年)(发散思维概念就是由他首先提出的)说过："正是发散思维，使我们看到了创新思维的最明显标志"。我们可以这样看：想象是人脑创新活动的源泉，联想使源泉汇合，而发散思维就为这个源泉的流淌提供了广阔的通道。发散思维从一个小小的点出发，冲破逻辑思维的惯性，让想象思维的翅膀在广阔的太空自由地飞翔，创造性想象才得以形成。

其次是基础性作用。创新思维的技巧性方法中，有许多都是与发散思维有密切关系的。著名的奥斯本智力激励法中的最重要的一条原则就是自由畅想，它要求不受一切限制地去寻找解决问题的办法，这实际上就是鼓励参与者进行发散思维。

最后是保障性作用。发散思维的主要功能就是为随后的其他思维提供尽可能多的解题方案。这些方案不可能每一个都十分正确、有价值，但是一定要在数量上有足够的保证。如果没有发散思维提供大量的可供选择的方案、设想，其他思维就无事可做。可见，发散思维在整个创新思维过程中，实际上是起着后勤保障的重要作用。

4.发散思维的训练原则

(1)考虑所有因素。尽可能周全地从各个方面考察和思考一个问题，这对问题的探索、解决特别有用。

(2)预测各种结果。思考一个问题时应考虑各种"后果"或最终可能出现的结局。这有利于对事物的发展有较明确的预测，并从中寻求最佳的结局模式。

(3)尝试思维跳跃。当解决某个问题遇到困难时，可以采用思维跳跃的方法，即不从正面直接入手，而是另辟蹊径，从侧面来突破。

(4)寻求多种方案。思考问题时，可快速"扫描"并指向事物或问题的各个点、线、面、立体空间，寻找多种方案，并对方案进行深入思考，从而找到全新的思路和方法。

5.发散思维的训练方法

(1)材料发散法，即以某个物品尽可能多的"材料"，以其为发散点，设想它的多种用途。如回形针的用途：把纸或文件别在一起；做发夹，等等。

(2)功能发散法，即从某事物的功能出发，构想出获得该功能的各种可能性。

(3)结构发散法，即以某事物的结构为发散点，设想出利用该结构的各种可能性。

(4)形态发散法，即以事物的形态为发散点，设想出利用某种形态的各种可能性。

(5)组合发散法，即以某事物为发散点，尽可能多地把它与别的事物进行组合。

(6)方法发散法，即以人们解决问题或制造物品的某种方法为扩散点，设想出利用该种方法的各种可能性。如说出用"吹"的方法可能做的事或解决的问题：吹气球、吹蜡烛、吹口哨，等等。

(7)因果发散法，即以某个事物发展的结果为发散点，推测出造成该结果的各种原因，或者由原因推测出可能产生的各种结果。如推测"玻璃杯碎了"的原因：手没抓住，掉落地上碎了；被某物碰碎了，等等。

(8)假设推测法，即假设的问题不论是任意选取的，还是有所限定的，所涉及的都应当是与事实相反的情况，是暂时不可能的或是现实不存在的事物对象和状态。

由假设推测法得出的观念可能大多是不切实际的、荒谬的、不可行的，这并不重要，重要的是有些观念在经过转换后，可以成为合理的有用的思想。

(二)平面思维训练

1.平面思维的含义

平面思维是线性思维向着纵横两个方向扩张的结果。当思维定向、中心确定以后，它就要从几个方面去分析说明这个问题。当这些点并不构成空间，而是处于同一平面不同方位的时候，思维就进入了平面思维。平面思维可以从不同的方面去说明思维的中心，可以相对地达到认识某一方面的全面性。养成了这种思维的人，喜欢进行横向的平面比较，横向扩大了视野，平面宽于直线，因而优于一维思维，同时，二维思维还能将横向的现实知识与纵向的历史知识结合起来进行思考。

横向思维概念由英国学者爱德华·德波诺于1976年首次提出，它与纵向思维的概念相对应。横向的也有侧面的、从旁的、至侧面的意思，故"横向思维"也可谓"侧向思维"。

爱德华·德波诺提出了一些促进横向思维的方法：对问题本身产生多种选择方案；打破定势，提出富有挑战性的假设；对头脑中冒出的新主意不要急着做是非判断；反向思考，用与已建立的模式用完全相反的方式思维，以产生新的思想；

对他人的建议持开放态度,让一个人头脑中的主意刺激另一个人头脑里的东西,形成交叉刺激;扩大接触面,寻求随机信息刺激,以获得有益的联想和启发等。

纵向思维是指思维从对象的不同层面切入,纵向跳跃,突破性、递进性、渐变的联系过程的特点。具有这种思维特点的人,对事物的见解往往入木三分,一针见血,对事物动态把握能力较强,具有预见性。

2. 点的思维、线性思维以及平面思维的比较

点的思维是平面思维的开端或起点。一般来说,人们捕捉思维对象时,在确定研究方向、选择进攻点时,作为表现思维出发点或中心的思维过程,就是点的思维。

点的思维又称零维思维,它既无长度又无宽度。养成零维思维的人,容易将思维固定于某个观点或某个对象上面,不会由此达彼,不会将该点与其他相关的点联系起来,具有凝固、僵化的顽症,因而往往一叶障目,不见庐山真面目,在思想上表现出难以想象的主观性与片面性。

线性思维是点的思维的延伸或扩展。它有长度但无宽度,具有单一性和定向性的特征。线性思维也称一维思维,表现为单纯的纵向的思维方式。具有这种思维方式的人喜欢进行历史模拟,单向性的回忆,注意传统的延续性、经验的有效性;而对外来的东西往往进行本能地抵制,对周围各种有益的意见,常常采取拒斥的态度。

在实际工作中,讲话、行文常常引经据典,套话连篇,唯恐别人说自己不正统,而又特别喜欢谈及别人不正统;从事学术研究,则习惯于整理、考据、疏正、解释圣人、皇帝、伟人们的学说,只能沿着某个固定的方向或向前引申,或向后回溯。因此,习惯于线性思维的人,虽然思维也有运动,但运动极其有限,缺乏应有的多向思考的灵活性。

线性思维可以分为正向线性思维和逆向线性思维。正向线性思维的特点是:思维从某一个点开始,沿着正向向前以线性拓展,经过一个点或是几个点,最终得到思维的正确结果,在答题中,也就是最终得到正确的答案。

3. 平面思维的培养与训练

平面思维是人的各种思维线条在平面上聚散交错,也就是哲学意义上的普遍联系，这种思维更具有跳跃性和广阔性，联系和想象是它的本质。我们通常所说的形象思维属于平面思维的范畴。例如什么样的东西可以做成一幅"画"呢？对于这个问题的回答很多人会选择纸和墨。但曾经就有一个画家用他母亲的头发做成了他母亲的头像。由此可见，这个问题不是简单的线条型的单向思维能回答的。如果我们把"画"字放在一个平面上，同所有可以想象到的名词联系起来，我们就会发现头发、石头、蝴蝶翅膀、金属、麦草、树叶、棉花……都可以用来做成精美的画。这种灵感不正是用平面思维来联系和想象的一种必然结果吗？联系和想象是平面思维的核心，其特点通常表现为事项之间的跳跃性连接。在这一思维的过程中，它受到逻辑的制约，反过来又常常受到联想的支持；否则，思维的流程就会被堵塞。

平面思维是囿于某个平面中的全面，并不是反映对象整体性的全面，因而这种全面相对于立体思维来说，仍然是不全面的。

(三)立体思维训练

1.立体思维的含义

立体思维也称多元思维、全方位思维、整体思维、空间思维或多维型思维，是指跳出点、线、面的限制，能从上下左右、四面八方去思考问题的思维方式，也就是要"立起来思考"。这种思维方法强调占领整个立体思维空间，并有纵向垂直、水平横向以及交叉等全方位的思考。

2.立体思维的三个维度

立体思维的时空观点很强。所谓的时间或空间只是人们在对存在事物的认识和理解的基础上创建的概念，大自然本身并不存在时间或空间，或者说，空间本身什么都不是。一切与时间或空间有关的概念只表示人们在了解或认识事物时所形成的各种意识的形态。

人类社会需要时间和空间，于是人们把自然事物形态的变化特点认知为时间的作用，把自然事物的变化现象认知为空间的存在。例如，从人类生活的地球表面到大气层之间，或从大气层到外太空之间，甚至是由外太空到整个太阳系甚至银河系，这些人类认知中的空间，实质上都只是自然变化的一种现象。这些认知，表现了人们对宇宙天体的一个认知程度，并不是所谓空间。

空间和时间是事物之间的一种秩序。空间用以描述物体的位形；时间用以描述事件之间的先后顺序。空间和时间的物理性质主要通过它们与物体运动的各种联系而表现出来。在狭义相对论中，不同惯性系的空间和时间之间遵从洛伦兹变换。根据这种变换，同时性不再是绝对的，相对于某一参照系为同时发生的两个事件，相对于另一参照系可能并不同时发生。在狭义相对论中，长度和时间间隔也变成相对量，运动的尺相对于静止的尺变短，运动的钟相对于静止的钟变慢。

立体思维的维度表现为以下三个方面：

(1) 有一定的空间

人们根据自然事物呈现形态特征所建立的一个概念就是空间。世界上的万物都在一定的空间存在。立体思维就充分考虑了事物存在的空间，就能跳出事物的本身，用更高的角度去观察、思考问题。

(2) 有一定的时间

世界上的事物都是在一定的时间中存在，从时间的角度去思考，往往可以使我们做今昔的对比，从而瞻望未来，具有超前意识。

(3) 万物联系的网络

世界上的事物都不是孤立存在的，它们相互组成一定的联系。我们在事物的千丝万缕联系的网络中去思考问题，就容易找出事物的本质，从而拓宽创新之路。

3.立体思维的特征

(1) 层次性。层次性是指系统在结构或功能方面的等级秩序。层次性具有多样性，可按物质的质量、能量、运动状态、空间尺度、时间顺序、组织化程度等多种标准划分。不同层次具有不同的性质和特征，既有共同的规律又各有特殊规律。要想对认识对象形成整体性的立体反映，首先就要把握或者分析认识对象的层次，包括认识对象的运动、变化或发展，经历了哪些阶段或层次，认识对象的组成结构，具有什么样的层次等。

(2) 多维性。一般一维到三维是人类可见的效果，而到四维以后就不可见了，那么立体思维的多维性就是指立体思维的三维性。点运动成线，线运动成面，面运动成体。那么立体思维就是要从多方面、多角度、多侧面、多方位地去考究认识对象。

(3)联系性。联系性是指立体思维中各种因素、关系、方面的制约性、过渡性和渗透性。

(4)系统性。系统性是指立体思维过程中有关联的所有个体,根据预先编排好的某种规则工作,能完成个别元件不能单独完成的工作的群体。

(5)整体性。这是立体地描述、反映思维对象最后完成形态的要求,是立体地认识事物的必然产物。

(6)动态性。事物总是发展变化的,那么立体思维也不能局限于某一时间和空间,也要随着事物的变化而变化。

4.立体思维的三规律与三方法

(1)立体思维的三规律

①诸多因素综合律。诸多因素综合律是指思维在由低级向高级发展的过程中,在把点、线、面的思维上升为立体思维的过程中,必须动用多种观察工具、多种思维形式,把思维对象的各个方面、各种因素综合为一个整体,方能形成整体的思维。

②纵横因素交织律。纵横因素交织律是指在纵的分析与横的分析的基础上,使两者交织成一个有机整体。纵的分析是对认识对象进行历史的分析,横的分析是分析思维对象运动全过程中内在矛盾和外在矛盾的各个方面,分析各个矛盾方面在各个发展阶段上(层次上)的各种特征、关系、联系。

③各层次、因素、方面贯通律。各层次、因素、方面贯通律是指在立体思维的过程中,从问题的提出到问题的展开,必须按照思维自身和事物自身的层次、环节、阶段或结构,使其内容有条不紊地安排或组织起来,充分体现出立体思维的有序性。

这是思维对象和思维自身具有的结构层次和发展层次在人的思维中的反映。

(2)立体思维的三方法

①整体性思考方法。整体性思考方法是指以诸多因素综合律为依据的整体性思维方法。在立体思维的过程中,其根本宗旨和最后归宿,就是要全面把握、反映思维对象的整体,运用整体性的思考方法,就可以把看来是零碎的、没有联系的东西,组成互相联系的整体。

②系统性的方法。系统性的方法是指以各层次、因素、方面贯通律为依据的思维方法。在运用这种方法的过程中，要注意层次或顺序，或是从小系统到大系统逐级进行，或是从大系统到小系统逐级进行，不能越级；否则，就可能出现错误。

③结构分析方法。结构分析方法是指以纵横因素交织律为依据的思维方法。立体思维必须了解整体或系统中各组成部分，各处于什么位置，各起着何种作用，应当如何组合、排列等。这样，立体思维既可把握事物的整体，又可把握构成这个整体的内在机制，了解这个整体结构的性质。

(四)逻辑思维训练

1.逻辑思维的含义

逻辑思维又称为理论思维、抽象思维或闭上眼睛的思维，是指人们在认识过程中借助于概念、判断、推理等思维形式能动地反映客观现实的理性认识过程。它是作为对认识者的思维及其结构以及起作用的规律的分析而产生和发展起来的，是人的认识的高级阶段即理性认识阶段。

逻辑思维是确定的，而不是模棱两可的；是前后一致的，而不是自相矛盾的；是有条理、有根据的思维。在逻辑思维中，要用到概念、判断、推理等思维形式和比较、分析、综合、抽象、概括等方法，而掌握和运用这些思维形式和方法的程度，也就是逻辑思维的能力。

逻辑思维要遵循逻辑规律，这主要是形式逻辑的同一律、矛盾律、排中律、辩证逻辑的对立统一、质量互变、否定之否定等规律，违背这些规律，就会导致认识上的混乱和错误，继而在思维上发生偷换概念、偷换论题、自相矛盾、形而上学等逻辑错误。

2.逻辑思维的特点

(1)逻辑思维的规范性

规范性是指凡是有人群的地方，每个人的一言一行、一举一动都有一定的规矩和标准。在管理学上，规范性是指一个企业从筹建、运行到分立、撤并，从运行中的物质供应、生产制造到产品销售，每个环节、每个步骤、每个流程、每个岗位都有一定的规矩和标准。规范性强调的是有规矩和标准，逻辑思维恰是遵循规矩和标准的过程。不论是概念的起点，还是判断的发展，以及最后的推理，都是有科学方法可依、层层递进的思维过程。逻辑思维关注目标，沿着思维发展的脉络，推演出应采取的措施或行为。

(2)逻辑思维的严密性

严密是指事物之间结合得紧密，没有空隙；或者是考虑很周到，没有疏漏。逻辑思维的严密性即是指在逻辑推理过程中，由于建立在概念和判断的基础上，推出的最终结论是紧密的，是不会出现逻辑上的错误的。

(3)逻辑思维的确定性

"确定"是一个动词，通常有以下几种词义：固定、明确肯定、坚定、必然、确实无疑、表示坚决等。那么确定性则是相对于不确定性而言的，是指事先就能准确知道某个事件或某种决策的结果，或者说，事件或决策的可能结果只有一种，不会产生其他结果。

逻辑思维推导出的结论就是确定的，不存在模棱两可的情形。

(4)逻辑思维的可重复性

重复性是指用同一方法在正常和正确操作情况下，由同一操作人员，在同一实验室内，使用同一仪器，并在短期内，对相同试样作多个单次测试结果，在95%的概率水平下得出两个独立测试结果的最大差值。逻辑思维的可重复性，即是指同一个人在同样的假设或已知条件下，运用同样的逻辑思维过程，最终推导出的结论是相同的。

3.逻辑思维的作用

(1)逻辑思维的一般作用：首先是有助于我们正确认识客观事物；其次是可以使我们通过揭露逻辑错误来发现和纠正谬误；再次是能帮助我们更好地去学习知识；最后是有助于我们准确地表达思想。

(2)逻辑思维在创新中的积极作用：发现问题；直接创新；筛选设想；评价成果；推广应用；总结提高。

4.逻辑思维的形式

(1)形式逻辑。形式逻辑又称普通逻辑，也是我们平常说的逻辑，是指抛开具体的思维内容，仅从形式结构上研究概念、判断、推理及其联系的逻辑体系。

(2)数理逻辑。数理逻辑是在普通逻辑(形式逻辑)的基础上发展起来的新的逻辑分支学科。数理逻辑在深度和广度上推进了传统逻辑,使它更加精确和严密。

由于数理逻辑使用了数学的语言和符号,揭示了事物和事物之间的数量关系,不仅深化了传统自然科学学科的研究,而且对计算机科学、控制技术、信息科学、生物科学等学科的发展有着重要的意义。

(3)辩证逻辑。辩证逻辑就是按照辩证唯物主义哲学对客观世界的认识方法和思维方式去认识世界的逻辑体系。列宁说过:"不是关于思维的外在形式的学说,而是关于一切物质的、自然的和精神的事物的发展规律的学说,即关于世界的全部具体内容及对它的认识的发展规律的学说。"5.逻辑思维的方法与训练

(1)演绎推理法

演绎推理就是由一般性前提到个别性结论的推理。按照一定的目标,运用演绎推理的思维方法,取得新颖性结论的过程,就是演绎推理法。

例如,一切化学元素在一定条件下会发生化学反应。惰性气体是化学元素,所以,惰性气体在一定条件下确实能够发生化学反应。这里运用的就是演绎推理法。

演绎推理的主要形式是三段论法。三段论法就是从两个判断中进而得出第三个判断的一种推理方法。上面的例子就包含了三个判断。第一个判断是"一切化学元素都在一定条件下发生化学反应",提供了一般的原理原则,叫做三段论式的大前提。第二个判断是"惰性气体是化学元素",指出了一种特殊情况,叫做小前提。

根据这两个判断,说明一般原则和特殊情况间的联系,因而得出第三个判断:"惰性气体在一定条件下确定能够发生化学反应"——结论。

只要作为前提的判断是正确的,中间的推理形式是合乎逻辑规则的,那么必然能够推出"隐藏"在前提中的知识。这种知识,尽管没有超出前提的范围,但毕竟从后台走到了前台。对我们来说,往往也是新的,而且由于我们常常是为了某种实际需要才做这种推理,其结论很可能具有应用价值。这样演绎推理的结论就可能既具有新颖性又具有实用性。

(2)归纳推理法

①完全归纳推理

从一般性较小的知识推出一般性较大的知识的推理,就是归纳推理。在许多情况下,运用归纳推理可以得到新的知识。按照一定的目标,运用归纳推理的思维方法,取得新颖性结果的过程,就是归纳推理法。

②简单枚举归纳推理

简单枚举归纳推理是列举某类事物中一部分对象的情况,根据没有遇到矛盾的情况,便作出关于这一类事物的一般性结论的推理。

在它的结论的基础上,可以继续研究,如果证明是正确的,就得到了新的知识。

即使证明了是错误的,也从另一方面给了我们新的知识。

③科学归纳推理

科学归纳推理是列举某类事物一部分的情况,并分析出制约此情况的原因,以此结果为根据,从而总结出这一类事物的一般性结论的推理方法。

(3)实验法

实验是为了某一目的,人为地安排现象发生的过程,据之研究自然规律的实践活动。实验的特点是必须能重复,能够在相同条件下重复地做同一个实验,并产生相同的结果,这是一个实验成功的标志,不能重复的实验就不是成功的实验,其结果就没有可信度,就不能作为科学依据,这是符合逻辑思维原理的。

实验法研究有诸多优点,比如:能够纯化研究对象;能够人为地再现自然现象;可以改变现象的自然状态;可以加速或延缓对象的变化速度;还可以节约费用,减少损失。

(4)比较研究法

比较研究法简称比较法,是指通过两个或两个以上对象的相同和差异来获得新知识的方法。

在比较研究中,主要起作用的还是逻辑思维中的演绎推理、归纳推理和类比推理,所以,比较研究是运用逻辑思维进行创新的一种方法。比较可以是空间上的横向比较,也可以是时间上的纵向比较,还可以是直接比较和间接比较。

通过比较研究，可以鉴定真伪，区分优劣；明察秋毫，解决难题；确定未知，发现新知；取长补短，综合改进；追踪索迹，建立序列。

(5)证伪法

根据形式逻辑中的矛盾律，在同一时间、同一关系上，不能对同一对象作出不同的断定。用一个公式来表示：A不能在同一时间、同一关系上是B又不是B。

根据形式逻辑中的排中律，在同一时间、同一关系上，对同一事物是两个相互矛盾的论断必须作出明确的选择，必须肯定其中的一个。用一个公式来表示：A或者B，或者不是B，二者必居其一，不可能有第三种选择。

根据以上两个规律，运用逻辑思维方法，可以在证明一个结论是错误的同时，证明另一个结论是正确的。用这种方法来取得正确答案的方法，就是反证法或证伪法。在许多情况下，证伪法可以帮助我们解决疑难问题，取得创新结果。

(五)逆向思维训练

1.逆向思维的含义

逆向思维也称为求异思维，它是对司空见惯的似乎已成定论的事物或观点反过来思考的一种思维方式。

2.逆向思维的特点

(1)普遍性

逆向思维在各种领域、各种活动中都有适用性，由于对立统一规律是普遍适用的，而对立统一的形式又是多种多样的，有一种对立统一的形式，相应地就有一种逆向思维的角度，所以，逆向思维也有无限多种形式。例如，性质上对立两极的转换：软与硬、高与低等。结构、位置上的互换、颠倒：上与下、左与右等。过程上的逆转：气态变液态或液态变气态、电转为磁或磁转为电等。不论哪种方式，只要从一个方面想到与之对立的另一方面，都是逆向思维。

(2)批判性

逆向是与正向比较而言的，正向是指常规的、常识的、公认的或习惯的想法与做法。逆向思维则恰恰相反，是对传统、惯例、常识的反叛，是对常规的挑战。它能够克服思维定势，破除由经验和习惯造成的僵化的认识模式。

(3)新颖性

循规蹈矩的思维和按传统方式解决问题虽然简单，但容易使思路僵化、刻板，摆脱不掉习惯的束缚，得到的往往是一些司空见惯的答案。其实，任何事物都具有多方面的属性。由于受过去经验的影响，人们容易看到熟悉的一面，而对另一面却视而不见。逆向思维能克服这一障碍，往往能出人意料，给人以耳目一新的感觉。

3.逆向思维的原则

(1)敢想敢说、勇于创新的原则

学会逆向思维，敢于提出与众不同的见解，敢于破除习惯的思维方式和旧的传统观念的束缚，跳出因循守旧、墨守成规的老框框，大胆设想。发前人之未发，化腐朽为神奇，标新立异。

(2)严谨、积极、有益的原则

逆向思维要经得起推敲，避免表面化、浅层次的思考问题。

(3)遵从规律、避免极端原则

逆向求异应在一定的语言环境或特定的社会背景中进行，只有严格遵循客观规律，准确把握事物的本质，才能避免从一个极端走向另一个极端。如"螳臂挡车"，贬抑螳螂已成共识，你若想褒扬它，想借此改变人们的传统观念，将难以成功。

(4)尊重科学、不伤感情的原则

"逆向"虽具有普遍性，但那些违反科学道理，有悖于人们共识和伤害人感情的"逆向"，都是不可取的。

4.逆向思维的训练方法

(1)反转型逆向思维法

这种方法是指从已知事物的相反方向进行思考，产生发明构思的途径。"事物的相反方向"常常从事物的功能、结构和因果关系三个方面做反向思维。

(2)转换型逆向思维法

转换型逆向思维法是指在研究一问题时，由于解决某一问题的手段受阻，而转换成另一种手段，或转换思考角度思考，以使问题顺利解决的思维方法。如历史上被传为佳话的司马光砸缸救落水儿童的故事,实质上就是一个用转换型逆向思维法的例子。由于司马光不能通过爬进缸中救人的手段解决问题,因而他就转换为另一手段——破缸救人,进而顺利地解决了问题。

(3)缺点逆用思维法

缺点逆用思维法是指利用事物的缺点,将缺点变为可利用的东西,化被动为主动,化不利为有利的思维发明方法。这种方法并不以克服事物的缺点为目的,相反,它是将缺点化弊为利,找到解决方法。例如,金属会被腐蚀是一件坏事,但人们利用金属腐蚀原理进行金属粉末的生产,或进行电镀等其他用途,无疑是缺点逆用思维法的一种应用。

第 3 章 创新能力

3.1 创新能力概述

3.1.1 创新能力的内涵

能力是行为主体为了顺利完成某项工作、实现某一目标所必备的个性心理特征与综合素质。能力表现为人们掌握知识、技能的快慢、难易、深浅的程度。相对于知识而言,能力的获得不仅需要以一定的知识为基础,即以人类经验的总结和概括为基础,更强调行为主体自身的个性心理素质和实践水平。概括而言,能力对于一个人,不仅在于知识的习得和掌握,更在于如何将知识与实践有机结合。判断一个人能力的高低,往往需要通过实践加以检验。

能力作为一种个性特征,在不同的群体、不同的个体身上都存在差异。对于一个人来说,他的能力是体现在多方面的,而且不同的能力水平高低也有差异,在他所具有的多种能力中,总有相对来说较强的能力,也有一般的能力和较差的能力,即每个人的能力都是多种能力以特定的结构结合在一起的。由于不同人的能力结构不同,因而能力在类型上便形成了差异。

在分析了个体自身的能力差异之后,人们在日常生活中,通过有意观察和经验总结,将人的能力也做了相应划分,诸如动手能力、记忆能力、交往能力等。从整体上来看,即使同一种能力,在不同的人身上也有差异。比如,有人虽然文化水平不高，但具备很强的动手能力，许多的农民发明家、工人发明家就是这方面的例子；同时要求背诵一篇课文，不同学生的记忆能力也不尽相同，有人读完几遍就能过目不忘，有人花费了更大的精力，效果却并不理想。这就充分说明，不仅个体自身各方面的能力有高低，而且即使具备同样的能力，不同的人对于这种能力的掌握也有显著的高低之分。

所谓创新能力，主要强调的是在生产和生活等实践领域中，能够不断提供具有经济、社会和生态价值的新思想、新方法、新理论以及新发明的素质。

创新能力是民族进步的灵魂、经济竞争的核心；当今社会的竞争，与其说是人才的竞争，不如说是人的创造力的竞争。

3.1.2 影响创新能力的因素

1. 社会因素

从社会系统和青少年生活的具体社会环境看，影响青少年创新能力的社会因素，大致可以分为社会政治上层建筑因素、社会经济基础因素、社会文化观念因素和社会环境交往因素。

(1)社会政治上层建筑对青少年创新能力的影响。古今中外的历史早已向我们揭示了这样一条不易的真理：民主、和谐、稳定的社会政治生活环境，既是知识分子、青少年人才健康成长、发挥积极作用的政治基础，也是社会创新意识、创新精神和创新能力发育、发展并转化为现实生产力的基本前提。如果一个社会没有"既有自由，又有纪律，既有民主，又有集中，既有统一意志，又有个人心情舒畅的生动活泼的政治局面"，那么它就会失去生机和活力，就要落后于不断发展的时代，甚至被世界潮流所淘汰。只有政通人和，发展和保持民主和谐稳定的社会政治生活环境，才能为青少年创新意识、创新精神和创新能力的培养，提供基本的社会政治前提。

(2)社会经济基础对青少年创新能力的影响。"人们从事的一切活动，都同他们的利益有关"，这是马克思主义的普遍真理。就创新活动的条件而言，经济因素在根本层次上起着决定性的作用，因此，我们认为经济基础是青少年创新能力培养的必要社会条件和物质利益动因。

(3)社会文化观念对青少年创新能力的影响。现代的文化观已经超越了仅仅把文化简单地看作是社会意识形态的阶段。社会文化作为人类社会持久性活动及其成果的灵魂和精髓，与社会经济、政治三位一体，构成社会的有机系统和基本结构，以物质资源的高消耗为基础的粗放型经济增长方式的日益转变和以知识、科技、信息、教育为基础的知识经济的兴起，标志着人类社会真正的文化时代的来临。具有高度凝聚力和科学创新精神的民族的科学的大众的社会主义文化，是青少年创新意识、创新精神和创新能力培养的社会文化基质和内在精神动力。

(4)社会文化交往环境对青少年创新能力的影响。人是社会动物，人的一切活动都不能单纯地解释为个体的活动，而是与其所生活存在的社会经济、政治和文化空间时刻发生着千丝万缕的联系。单个人的活动也反映着社会的影响，具有社会活动的意义，受到内在和外在的社会规则、思维方式、价值观念的约束、激励和推动，受到其他社会成员的交互影响。人的活动是社会互动的表现形式，所以，青少年所置身其中的社会整体的科学文化素质特别是创新素养的生长发育的现实状态，以及生活于其中的具体社会文化环境和交往情境，就成为青少年创新意识、创新精神和创新能力培养的重要社会条件或制约因素。

2.主观因素

影响青少年创新能力的主观因素可分为缺乏创新意识和创新欲望、缺乏创新兴趣、思维惯常定势、对科学的崇尚意识与参与行为之间存在较大反差。

(1)缺乏创新意识和创新欲望。许多学生进入大学后给自己将来的奋斗目标定位不够准确，往往仅满足于毕业后能找个好工作或是考取研究生，这在一定程度上影响了大学生创新意识和创新欲望的激发。正上学的青少年，他们几乎将所有可利用的时间都花在了学习课本知识上，完全成了"为了考试而学习"，忽略了自己在创新能力方面的培养。他们的创新意识相当淡薄，更谈不上创新欲望了。

(2)缺乏创新兴趣。当代青少年学生的兴趣往往随着时间、环境、心情而变化，对创新感兴趣的不多，更缺乏创新所需要的深度和广度，这对青少年创新能力的培养是很不利的。

(3)思维惯常定势。在长期的思维实践中，每个人都会形成自己所惯用的、格式化的思维模式,当面临外界事物或现实问题的时候,就会不假思索地把它们纳入特定的思维框架,并沿着特定的思维路径对它们进行思考和处理,这就是思维的惯常定势。它具有两个基本特点,一是它的形式化结构,二是它的强大惯性。青少年虽然尚处于人生的初始阶段,思维最少束缚,但随着知识的不断增加和阅历的日益丰富,存在于头脑中的认知框架将逐步模式化、固定化,进而弱化青少年的创新意识,影响青少年创新能力的发展。正如法国生物学家贝尔纳所说:"妨碍人们学习的最大障碍,并不是未知的东西,而是已知的东西。"(4)对科学的崇尚意识与参与行为之间存在较大反差。不可否认,部分青少年

是具有创新动机的。他们对创新有一定的认识,也希望在学习和实践过程中产生新思想与新理论,但他们对科学的崇尚意识与参与行为之间却存在着很大反差。一方面他们在认识上追求创新,体现出了比较积极主动的精神状态;而另一方面,他们在行动上却迟迟不能落实,主动作用发挥不够,投身实践的勇气和能力欠缺。

3.1.3 青少年创新能力的培养

青少年创新能力的培养重点应该以大、中、小学生为主进行。青少年学生是具有创新潜能的,只要采取合适的方法,他们的创新能力是可以大幅度提高的。针对如今青少年学生创新意识不足、创新能力不强的特点,可从以下五个方面对青少年学生创新能力的培养加以探索和尝试。

1.尊重学生的个性发展与创造精神

我们不能把学生看作消极的被管理对象,也不能把学生当作灌输知识的容器,而要把每个学生看作具有创造潜能的主体、具有丰富个性的主体。学校要重视学生的个性差异,注重学生的个性发展。否则,若各个环节管理过死,学生就会完全处于被动状态,个性得不到尊重和发展,就谈不上培养学生的创造精神和创新能力。

为此,应该改革传统的教育教学管理体制,例如可以实行学习过程多元化的管理模式,允许大学未毕业的学生进行自主创业,为他们保留一定时间的学籍,

激励那些敢于创新的学生脱颖而出等。

2.营造校园创新环境与创新氛围

学校创新环境的建设是创新人才培养的必要条件，要把大、中学校创新环境的建设放在学校工作的重要地位。大学里应该充分利用第二课堂，定期举办各种学术讲座、学术沙龙和大学生科技报告会，出版大学生论文集，鼓励学生积极参加学术活动，对于不同领域的知识有一个大体的涉猎，进行不同学科之间的交流，从而学习他人如何创造性地解决问题的思维和方法，以强化创新意识；鼓励学生大胆创新，可以让他们参加教师的科研课题，也可以由学生自拟题目，并选派教师指导，并对学生的科研课题进行定期检查和鉴定，这样可以培养学生的创新毅力和责任心，拓展学生的视野，有效发挥他们的创造才能；建立激励竞争机制，举办各种形式的竞赛活动，对在创新方面成绩突出的学生进行表彰和奖励，对获得国家级或省(部)级创新成果的学生，应有相关规定给予多方照顾或优待。

3.构建合理的课程体系、开设专门的创新课程

创造能力来源于扎实的基础知识和良好的素质，仅仅掌握单一的专业知识是不够的。因此，加强学生基础教育的内涵更新和外延拓展及构建合理的课程体系就显得非常重要。大学教育中要注重文、理渗透，我们可以对文科学生开设部分自然科学课程，对理科学生适当加强人文学科课程的教育，使文理学科之间相互渗透；改变专业划分过细、学生知识面狭窄的现状，实行大学科、大专业教育，使课程之间互相渗透，打破明显的课程界限。中、小学校可适当安排一些创新课程，引导学生增强创新意识，培养创新兴趣。

大学要增加选修课的比重，允许学生跨系、跨专业选修课程，使学生依托一个专业，着眼于综合性较强的跨学科训练。这不仅可以优化学生的知识结构，为以后在某个专业深造做好准备，同时也有利于发展学生的特殊兴趣，使之能够学有所长，以便提高创新的积极性。要开设一系列专门的创新课程。这些课程都是从某一学科如思维科学或心理学、方法论的角度来探讨创造性思维的问题。在这方面，我们主要是有重点地教给学生们一些最基本的科研和创新方法，诸如如何选题，如何搜集、分析、整理资料，如何提炼论点(观点)，如何谋篇布局、安排论文结构；如何论证阐述；如何修改文稿，了解论文的书写格式和规范等。同时

有意识地给学生布置一些综合性大作业或小论文，对学生进行一些科研创新的基本训练，教师再加以必要的指导和辅导，使学生初步掌握科研创新的方法和途径。广大学生通过科研创新实践的磨炼，科研创新的能力和水平都会有显著的提高。

4.改进教学方法、转变培养模式

兴趣是最好的老师。学生如果对所学知识产生了研究创新的浓厚兴趣，他们就会产生强烈的求知欲，就会如饥似渴地去学习和钻研。因此，千方百计、想方设法地去调动和激发学生对科研创新的兴趣，是教师在课堂教学中首先要解决的问题，这也就需要教师不断改进和优化教学方法。

要把过去以"教师单方面讲授"为主的教学方式转变为"启发学生对知识的主动追求"上来。积极实践启发式和讨论式教学，激发学生独立思考和创新的意识，培养他们在自主的基础上增强创新能力，切实提高教学质量。让学生感受、理解知识产生和发展的过程，培养学生的科学精神和创新思维习惯。积极创造条件，让学生积极参与教学过程，以使学生从被动学习转变为主动学习。要充分调动学生学习的自觉性和积极性，使其思维活跃，善于动脑筋，能够解决各种问题。在教学方式上，根据"可接受原则"，选择真正适合大学生的教材，着重培养学生获取、运用、创造知识的意识和能力。教师应该努力挖掘每一个学生的潜力，培养学生的创新意识，激发学生的创造积极性。

5.改进考试方式

传统的课堂教学重视的是对已有知识的传授，学生只有靠平时死记硬背式的知识积累才能顺利通过考试。这样的考试方式显然不利于学生创新能力的培养，这就要求我们改革传统的考试方式。新的考试模式不仅要考查学生对知识的掌握，更要考查学生创造性地分析问题、解决问题的能力，以此培养学生的创新意识和创新能力。在考试方式上，我们可以进行适量的开卷考试。考试时允许学生带课本、笔记等资料，允许学生发表不同的见解，对那些有创造性见解的答卷要给予鼓励，力争把学生的精力引导到对问题的分析和解决上来。有些课程也可以用综合性大作业和专题小论文的方式取代传统的闭卷考试方式，放宽考试时间限制，以便于他们搜集资料，对有关问题做较为深入的探讨和研究。

在考试内容方面，我们要尽量减少试卷中有关基本知识和基本理论方面需要死记硬背的内容，尽可能地安排一些没有统一标准答案的探讨性问题，需要学生经过充分而深入地思考才能够做出解答；或是安排一些综合性较强的问题，需要学生运用所学理论知识经过反复、仔细地分析思考才能做出回答。这有利于培养学生的创造性思维和创造能力，并对他们起到一种重要的导向作用。

3.2 创新技法

3.2.1 创新技法的含义

创新技法是指创造学家收集大量成功的创造和创新的实例后，研究其获得成功的思路和过程，经过归纳、分析、总结，找出规律和方法以供人们学习、借鉴和仿效。简言之，创新技法就是创造学家根据创新思维的发展规律而总结出来的一些原理、技巧和方法。

3.2.2 创新技法的分类

国内外创造学家通过对大量成功创造创新案例的深入，分析、归纳、总结了具有规律性的方法和程序。日本出版的《创造技法大全》总结了300多创造技法，其中常用的有100多种，最常用的约30种。这些方法和程序对于从事创造创新活动的人来说具有一定的指导意义，对于初学者更是如此。各种方法都有各自的特点、局限性和适应范围。为了便于学习使用，人们对其进行了分类。分类的方法多种多样，下面介绍几种常用的分类方法。

1.我国东北工学院、国家科委人才资源研究所创造力课题组的分类

(1)提出问题的方法；

(2)解决问题的方法；

(3)程式化的方法。

2.日本著名创造学家高桥诚的分类

(1)扩散发现技法；

(2)综合集中技法；

(3)创造意识培养技法。

3.日本电气通信协会在所编的《实用创造性开发技法》中，分六类

(1)自由联想法；

(2)强制联想法；

(3)分析法；

(4)设问法；

(5)类比法；

(6)其他方法。

3.2.3 常用的创新技法

1.联想法

联想法就是由甲事物想到乙事物的心理过程。具体地说，是借助想象，把形似的、相连的、相对的、相关的或某一点上有相通之处的事物，选取其沟通点加以联结。利用联想思维进行创造的方法，即为联想法。其包括以下一些具体方式：

接近联想：特定时间和空间上的接近而形成的联想。

类似联想：大脑受到刺激后会自然地想起与这一刺激相类似的动作、经验或事物。接近联想：大脑想起在时间或空间上与外来刺激相类似的动作、经验或动作。

对比联想：大脑想起与外来刺激完全相反的经验、动作或事物，亦可说是逆反法则在联想中的作用。

2.系统分析法

系统分析法是指把要解决的问题作为一个系统，对系统要素进行综合分析，找出解决问题的可行方案的咨询方法。

系统分析是咨询研究的最基本的方法，我们可以把一个复杂的咨询项目看成

为系统工程，通过系统目标分析、系统要素分析、系统环境分析、系统资源分析和系统管理分析，可以准确地诊断问题，深刻地揭示问题起因，有效地提出解决方案和满足客户的需求。

系统分析方法的具体步骤包括：限定问题、确定目标、调查研究收集数据、提出备选方案和评价标准、备选方案评估和提出最可行方案。

3.头脑风暴法

所谓头脑风暴，最早是精神病理学上的用语，指精神病患者的精神错乱状态而言。而现在则成为无限制的自由联想和讨论的代名词，其目的在于产生新观念或激发创新设想。

头脑风暴法有可分为直接头脑风暴法(通常简称为头脑风暴法)和质疑头脑风暴法(也称反头脑风暴法)。前者是在专家群体决策尽可能激发创造性，产生尽可能多的设想的方法，后者则是对前者提出的设想、方案逐一质疑，分析其现实可行性的方法。

采用头脑风暴法组织群体决策时，要集中有关专家召开专题会议，主持者以明确的方式向所有参与者阐明问题，说明会议的规则，尽力创造在融洽轻松的会议气氛；一般不发表意见，以免影响会议的自由气氛；由专家们"自由"提出尽可能多的方案。

头脑风暴法的基本程序：确定议题、会前准备、确定人选、明确分工、规定纪律、掌握时间。

4.组合法

组合型创新技法是指利用创新思维将已知的若干事物合并成一个新的事物，使其在性能和服务功能等方面发生变化，以产生出新的价值。

组合型创新技法常用的有主体附加法、异类组合法、同物自组法、重组组合法以及信息交合法等。

(1)主体附加法。主体附加法是指以某事物为主体，再添加另一附属事物，以实现组合创新的技法。

(2)异类组合法。异类组合法是指将两种或两种以上的不同种类的事物组合，从而产生新事物的技法。

(3)同物自组法。同物自组法是指将若干相同的事物进行组合，以图创新的一种创新技法。

(4)重组组合法。重组组合法是指有目的地改变事物内部结构要素的次序，并按照新的方式进行重新组合，以促使事物的性能发生变化。

(5)信息交合法。信息交合法是建立在信息交合论基础上的一种组合创新技法。信息交合论有两个基本原理：其一，不同信息的交合可产生新信息；其二，不同联系的交合可产生新联系。

5.缺点列举法

缺点列举法是通过会议的形式收集新的观点、新的方案、新成果来分析公共政策的方法。这种方法的特点是从列举事物的缺点入手，找出现有事物的缺点和不足之处，然后再探讨解决问题的方法和措施。

从设计方面来说，缺点的提出可从以下几个方面来进行：

(1)从功能上找缺点。提出功能上的缺点，即寻找产品目前在功能实现中存在的开发点，提出实现功能的新方法，从而创造出新的产品形式。

(2)从用户意见中找缺点。现在的商品大都配有厚厚的说明书来说明产品的使用方法，而这种使用方法对于用户来说是否如设计师所愿，方便用户和容易操作呢？如果产品本身语义明确，具有很强的指示功能，就可以帮助消费者掌握使用方法，则产品就是成功的；否则，由于产品本身设计不良，会使用户在使用过程中产生这样或那样的误操作。产生这种缺点的原因往往是由于设计师没有深入研究实际生活中消费者的心理和行为模式，而主观臆断造成的。

(3)从感觉因素中找缺点。和人的感觉发生联系的方面很多，有视觉的、听觉的和触觉的。因此，我们要从所看、所听、所触中来找寻缺点。

(4)从与周围环境的关系找缺点。任何一个产品都有一定的使用环境，和周围环境是否协调一致也是找寻缺点的方向之一。

第 4 章 创业

4.1 创业与创业意识

4.1.1 创业概述

1. 创业的含义

《辞海》对"创业"的解释是创立基业。在《新华词典》里,"创业"被定义为开创事业。而在英文中,"创业"有两种表述方式:Venture 和 Entrepreneurship。

Venture 的最初意义是冒险,但在创业领域,它的实际意义从单纯的冒险扩展为冒险创建企业,即被赋予了"创业"(动态过程)这一新的特定内涵。Entrepreneurship 则主要用于表示静态的创业状态或创业活动,侧重于从企业家、创业者角度来理解创业。在比较了各种定义后,我们认为,创业是不拘泥于当前资源约束、寻求机会、进行价值创造的行为过程。这一定义可以概括为以下几个方面:

(1)组织资源

企业是由资源构成的,而企业所掌握的资源总是稀缺的。对创业来讲,不应拘泥于当前的资源约束。正如史蒂文森(Stevenson)、罗伯茨(Roberts)和苟斯拜客(Grousbeck)指出的那样,创业是一个人——不管你是独立的还是在一个组织内部——依靠运气追踪和捕捉机会的过程,这一过程与当时控制的资源无关。

(2)寻求机会

创业是建立在机会之上的，因此任何形式的创业都需要密切关注机会。如果创业者没有发现并捕捉适当的创业机会，创业就很难成功。

(3)价值创造

创业活动是一个价值创造过程。这种价值可以有很多的方式表达，如精神价值、社会价值、资本实物价值，其中资本实物价值更贴近创业的实质。

2.创业的要素

创业的关键要素包括机会、资源和创业者。

(1)机会

机会是创业过程的核心推动力，是创业成功的首要因素，特别是在企业创立之初。真正的商机比团队的智慧和技能、可获取的资源都重要得多，所以创业者应当投入大量的时间和精力寻找最佳的商机。在识别并开发创业机会的过程中，资源与机会是适应→差距→再适应的动态过程；商业计划则是提供沟通机会、团队、资源三个要素相互匹配的规则。

(2)资源

资源的多寡是相对的。对资源最有效的保证是企业首先要有一个强大的创业团队，当创业团队在推动机会实现的过程中，相应的资源也就会随即到位。同时，成功的创业企业更着眼于最小化使用资源并控制资源，而不是贪图完全拥有资源。为了合理利用和控制资源，创业者要竭力设计精巧的创意，尽量选择谨慎的战略。

(3)创业者

创业者是创业成功的最重要因素。事实上，在选择合理的投资项目时，吸引风险投资家的往往是创业者的卓越才能。

创业三要素对于创业活动来说，缺一不可，没有机会，创业活动就成了盲目的行动，根本谈不上创造价值；没有创业者识别和开发机会，创业活动也不可能发生；成功的创业者把握住合适的机会，还需要有资源，没有资源，机会就无法被开发和利用。机会、创业者、资源之间的平衡和协调是创业成功的基本保证。

3.创业意识的含义

创业意识是指人们从事创业活动的强大内驱动力，是创业活动中起动力作用的个性因素，是创业者素质系统中的第一个子系统，即驱动系统。

4.1.2 创业意识的构成要素

1.创业需要

创业需要指创业者对现有条件的不满足，并由此产生的最新的要求、愿望和意识，是创业实践活动赖以展开的最初诱因和最初动力。但仅有创业需要，不一定有创业行为，想入非非者大有人在，只有创业需要上升为创业动机时，创业行为才有可能发生。

2.创业动机

创业动机指推动创业者从事创业实践活动的内部动因。创业动机是一种成就动机，是竭力追求获得最佳效果和优异成绩的动因。有了创业动机，才会有创业行为。

3.创业兴趣

创业兴趣指创业者对从事创业实践活动的情绪和态度的认识指向性。它能激活创业者的深厚情感和坚强意志，使创业意识得到进一步的升华。

4.创业理想

创业理想指创业者对从事创业实践活动的未来奋斗目标较为稳定、持续的向往和追求的心理品质。创业理想属于人生理想的一部分，主要是一种职业理想和事业理想，而非政治理想和道德理想。创业理想是创业意识的核心。

4.1.3 创业意识的内容

1.商机意识

真正的创业者，会在他创业之前、创业中和创业后，始终面临着识别商机、发现市场的考验。他必须有足够的市场敏锐度，可以宏观地审视经济环境，洞察未来市场形势的走向，以便作出正确的决策来保证企业的持续发展。

2.转化意识

仅有商机意识是不够的，还要在机会来临时抓住它，也就是把握机会，把商机转化成实实在在的收入和公司的持续运作，最终实现自己的创业梦想。转化意识就是把商机、机会等转化为生产力；把你的才能、你在学校学到的知识转化为智力资本、人际关系资本和营销资本。

3.战略意识

创业初期给自己制定一个合理的创业计划，解决如何进入市场，如何卖出产品等基本问题。创业中期需要制定整合市场、产品、人力方面的创业策略，转换创业初期战略。需要指出的是，创业战略不只有一种，也没有绝对的好坏之分，关键要适合自己的创业之路。在这条路上应时刻保持着战略的高度，不以朝夕得失论成败。

4.风险意识

创业者要认真分析自己在创业过程中可能会遇到哪些风险，一旦这些风险出现，要懂得应该如何应对和化解。大学生是否具备风险意识和规避风险的能力，将直接影响到创业的成败。

5.资源整合意识

资源整合是指企业对不同来源、不同层次、不同结构、不同内容的资源进行识别与选择、汲取与配置、激活和有机融合，使其具有较强的柔性、条理性、系统性和价值性，并创造出新的资源的一个复杂的动态过程。资源整合，是企业战略调整的手段，也是企业经营管理的日常工作。整合就是要优化资源配置，就是要有进有退、有取有舍，就是要获得整体的最优。

4.2 创业者

4.2.1 创业者概述

"创业者"一词由法国经济学家坎蒂隆(Cantillon)于1755年首次引入经济学。1800年，法国经济学家萨伊(Say)首次给出了创业者的定义，他将创业者描述为将经济资源从生产率较低的区域转移到生产率较高区域的人，并认为创业者是经济活动过程中的代理人。著名经济学家熊彼特(1934)则认为创业者应为创新者。

在欧美学术界和企业界，创业者被定义为组织、管理一个生意或企业并承担风险的人。创业者的对应英文单词是 entrepreneur，entrepreneur 有两个基本含义：一是指企业家，即在现有企业中负责经营和决策的领导人；二是指创始人，通常理解为即将创办新企业或者是刚刚创办新企业的领导人。

香港创业学院院长张世平认为，创业者是一种主导劳动方式的领导人，是一种无中生有的创业现象，是一种需要具有使命、荣誉、责任能力的人，是一种组织、运用服务、技术、器物作业的人，是一种具有思考、推理、判断的人，是一种能使人追随并在追随的过程中获得利益的人，是一种具有完全权利能力和行为能力的人。

4.2.2 创业者的类型

从创业过程所处的角色和所发挥的作用、创业的背景和动机两个不同角度进行分类。

1. 按照创业者在创业过程中所处的角色和所发挥的作用划分

同为创业者也有不同的角色和地位，有人适合独立创业，如有一定的资金、有极强的独立性的人；有人不适合独立创业，如欠缺独立性、优柔寡断的人。有人适合合伙创业，如容易与人相处的人；有人不适合合伙创业，只适合独立创业，如该人能力很强，但不善于与人相处，听不进别人的意见。在合伙创业中，有人适合做主要领导人,有人只适合做参与创业者。

(1)独立创业者。独立创业者是指独自创业的创业者,即自己出资、自己管理。独立创业者的创业动机和实践受很多因素影响,如发现很好的商业机会,对工作具有专注的精神、独立性强,失去工作或找不到工作,对目前的工作缺乏兴趣,对循规蹈矩的工作模式和个人前途感到无望,受他人创业成功的影响等,从而产生了独立创业的想法。

独立创业充满挑战和机遇,可以充分发挥创业者的想象力、创造力,自由展示创业者的主观能动性、聪明才智和创新能力;可以主宰自己的工作和生活,按照个人意愿追求自身价值,实现创业的理想和抱负。但是,独立创业的难度和风险较大,创业者可能会缺乏管理经验,或缺少资金、技术资源、社会资源、客户资源等某一方面或某几个方面的要素,生存压力较大。

(2)主导创业者。主导创业者是创业团队中带领创业的人。1976年,时任台湾家族企业荣泰电子协理的施振荣因荣泰电子受家族关联企业财务的影响而不得不结束营业时,与林家和、黄少华等五人共同筹集了100万元新台币创立宏碁,其中施振荣和他太太占股50%,其余5人占股50%。施振荣为头,即是主导创业者。

(3)跟随创业者。跟随创业者是创业团队中除主导创业者以外的成员,也称参与创业者。上例中所提到的宏碁创业团队中的林家和、黄少华等创业团队成员即为跟随创业者。

2.按照创业者创业的背景和动机划分

(1)生存型创业者。创业者大多为下岗工人、失去土地或因种种原因不愿困守乡村的农民,以及刚刚毕业找不到工作的大学生。这是中国数量最大的一拨创业人群。清华大学的调查报告指出,这一类型的创业者占中国创业者总数的90%。

(2)变现型创业者。变现型创业者就是过去在党、政、军、行政、事业单位掌握一定权力,或者在国企、民营企业当经理人期间积累了大量资源的人,在机会适当的时候,自己出来开公司办企业,实际是将过去的权力和市场关系变现,将无形资源变现为有形的货币。在20世纪80年代末至90年代中期,以前一类变现者居多,现在则以后一类变现者居多。

(3)主动型创业者。主动型创业者又可以分成两种情况:一种是盲动型创业者;

另一种是冷静型创业者。前一种创业者大多极为自信，做事冲动。这样的创业者很容易失败，但一旦成功，往往就是成就一番大事业。冷静型创业者是创业者中的精华，其特点是谋定而后动，不打无准备之仗，或是掌握资源，或是拥有技术，一旦行动，成功概率通常很高。还有一种奇怪类型的创业者，也应该属于主动型创业的一种特例。除了赚钱，他们没有什么明确的目标，就是喜欢创业，喜欢做老板的感觉。他们不计较自己能做什么、会做什么。可能今天在做着这样一件事，明天又在做着那样一件事，他们做的事情之间可以完全不相干。其中有一些人，甚至连对赚钱都没有明显的兴趣，也从来不考虑自己创业的成败得失。奇怪的是，这一类创业者中赚钱的并不少，创业失败的概率也并不比那些兢兢业业、勤勤恳恳的创业者高。而且，这一类创业者大多过得很快乐。

4.2.3 创业者的特征

1.心理特征

从成就动机理论出发对成功创业者特征进行分析可以发现，那些拥有创业心理特征的人员比不具备创业心理特征的人员具有更高的实施创业行为的倾向。作为成功的创业者，一般具备以下六个心理特质：成就需要、控制欲、自信、开放的心态、风险承担倾向、创业精神。他们有明确的目标，全身心地投入到事业发展中。

(1)成就需要。创业者希望把事情做好，而做好主要不是为了获得社会承认或声望，而是为了达到个人内在自我实现的感觉的满足。创业者希望承担决策的个人责任，在解决问题、确立目标和通过个人的能力达到这些目标时个人负有责任；喜欢具有一定风险的决策；对决策结果感兴趣，不喜欢单调的重复性工作。

(2)控制欲。控制欲是指人们相信他们自己能够控制自己人生的程度。研究表明，创业者相信通过自己而不是他人来决定自己的命运，他们经常有很高的控制欲，对生活中的事件过程有一定的影响，总是希望把命运掌握在自己手中。和控制欲相关的是创业者的个人独立性。创业者往往喜欢独立思考和行动，渴望独立自主。

(3)自信。创业者不仅相信自己，而且相信他们正在追求的事业，不仅能在失败之后振作起来，而且还能从失败中吸取教训，以增加下一次成功的机会。坚信自己的创业团队有能力在激烈的竞争中获得胜利，以坚韧不拔的毅力和满腔的热情去争取成功。因为新创企业在发展过程中肯定会出现各种危机和困难，越是危急关头，就越需要他们付出更大的热情和勇气，自我勉励，坚持下去闯过难关。成功的创业者普遍都有很强的自信心，有时表现出咄咄逼人的气势。他们相信自己的判断，相信自己的决定。创业者以积极的心态充满活力地不断创新。自信对创业者非常重要，因为他们走的是其他人不敢走或者没有走过的路，只有自信才能顶住压力，坚持自己的目标，最终取得创业的成功。

(4)创业者要能认识到自己的局限性和改进的必要性，意志坚定但不拒绝改变，意识不僵化。必要时勇于变革和敢于承担责任。现代社会新事物层出不穷，开放的心态可以使我们有更多的机会发现机遇，产生创业的冲动。

(5)由于创业者希望在同行业中脱颖而出，很多工作是自己以前没有经历过或者没有完全经历过的，创业征途中充满了各种风险。创业者要有冒险精神，要能承受风险和失败。只有敢于承担风险，创业者才能大胆创新，"铤而走险"，实现自己的创业梦想。创业需要冒险，但冒险有别于冒进。无知的冒进只会使事情变得更糟糕，而且会浪费时间和财力。

(6)创业要发扬创业精神，没有创业精神的创业不会成功，也不能称之为创业。创业精神是创业团队集体的精神状态和对事业所持的态度。组织不论规模大小，归属哪个经济部门，创业精神始终与某些普遍适用的行为特性相关联。创业精神主要表现为：耐心和牺牲精神、开拓精神和敬业精神、气度和包容精神、创新精神等。

2.行为特征

创业者在行为方式上主要有勤学好问、执着、灵活应变、吃苦耐劳、脚踏实地、雷厉风行、有良好的商业道德和责任感等特点。

(1)勤学好问。创业者不满足于现状，经常意识到他们能将事情做得更好，渴望并从不放弃学习和改进的机会。现代社会需要学习型的企业，创业团队在创业初期更需要学习行业内的领先企业、标杆企业。创业团队成员也需要学习精神。

学习是保持先进性的重要手段，学习为企业的发展提供了源源不断的智力源泉。只有不断地学习才不会落后于社会。

(2)执着。执着是指对自己的创业目标和信念坚持不懈，永不放弃。因为在创业的领域没有捷径可走，只有专心致志、锲而不舍，才能克服在通往成功道路上的危机和障碍。著名的发明家爱迪生指出，成功等于99%的努力和1%灵感之和。他认为，连续的失败是不断尝试错误的探索性实验，是成功的创新的过程之一。

(3)灵活应变。灵活应变是指创业者对创业方法和路径的选择，要一切从实际出发，根据环境的变化对创业活动作出相应的调整。

(4)吃苦耐劳。创业的成功需要坚忍不拔、顽强的毅力、吃苦耐劳的执着精神、甘于奉献的献身精神。只有具备吃苦的精神，创业者才能挺过创业的艰辛，取得创业的成功；否则，就会半途而废。

(5)脚踏实地、雷厉风行。创业者有好的创业念头，但只有通过实际的行动才能变成现实。巴顿将军(George S.Patton)说过："一个好的计划现在就去执行要比下周执行一个完美的计划好得多。"如果只有好的创业点子，没有行动一切就是空中楼阁。

(6)良好的商业道德。诚信、诚实、诚恳是一个企业生存和发展的根基。没有良好的品德，而时刻只为自己的个人利益，肯定不会创立起企业；即使能够建起企业，最终也难免昙花一现，生命力不会长久。只有企业对顾客、对社会、对员工诚信，顾客、社会和员工才会为企业的发展锦上添花，企业的发展才有土壤。诚信、诚实、诚恳是创业团队的道德要求。

(7)把承诺变成行动就是责任，责任就是坚定不移的信念。负责任是一种态度，态度决定一切。责任感使他们认识到其他人带给企业的价值，意识到自己对其他人的责任，提供给其他人做好工作所需要的支持；责任感也能使他们正确地行使权力和对待金钱。虽然权力和金钱是创业的动机之一，但他们负责任地运用权力，也不仅仅只为金钱所激励。他们主要从事业成功中体验快乐，而不把追逐权力和财富作为目的；他们主要受成就动机驱使，同时又实现物质财富方面的富裕。负责主要体现在向社会、向顾客提供满意的产品或者优质的服务，重视环境保护，重视员工的成长和发展。随着社会的进步和人类文明的发展，企业的社会价值是企业发展的高级目标，社会责任也成为企业的道德标准。重视环境保护，重视企业的发展和员工的职业生涯的共同发展成为企业发展的重要目标之一。优秀的创业者应该有很强的社会责任感，在创业的同时回报社会。

3.知识特征

投资创业就是创业者想在某一行业中脱颖而出，但如果没有厚实的知识基础等于建造空中楼阁。所以，作为一个创业者，应该具备相应的基础知识和专业知识。

(1)创业者应具备坚实的基础知识。创业者的知识素质的好坏关系到创业者分析问题、判断问题、解决问题的能力大小和将来企业的发展前途。知识贫乏的创业者，必然心胸狭窄，目光短浅。如果没有渊博的知识，就不能适应时代新潮流的长期需要；不用新知识、新观念武装自己，就不可能成为真正成功的创业者。创业者应该通晓的基础知识主要有政治学、人才学、组织学、行为科学、经济学、计算机应用、逻辑学、法学、会计学、统计学以及心理学等。这些基本知识为创业者正确分析企业内外的环境和自己的优势、劣势，预测行业的发展趋势奠定了基础，是创业活动开展的必备智力条件。

(2)创业者应具备广博的专业知识。要想取得创业的成功，把企业做强做大，创业者还应具备人力资源管理、市场营销管理、财务管理、战略管理、生产管理、物资管理、技术设备管理、质量管理、经济核算、系统工程、领导科学及决策论等专业知识。如果缺乏战略管理知识，创业者在企业发展到一定规模后，就不能正确处理企业的短期目标和长期目标关系、核心竞争力和多元化关系，盲目进行多角化、盲目扩张，进入很多自己陌生的行业，而自身资金、人力资源等方面又缺乏支撑，使企业迷失了发展的方向。例如，掌握了人力资源管理方面知识，创业者就知道如何有效激励员工、管理员工，帮助他们成长，并给予他们足够的舞台空间，让他们真正能有"当家做主"的责任感，使之产生与企业同命运、共呼吸的使命感，从而真正塑造出忠诚于企业的人才，让员工在实现企业的发展同时实现自我的成长和发展。而现金是企业正常运转的基础，具备了财务管理知识，创业者就能正确地了解企业的现金流状况及主要的现金流来源，了解企业的盈利能力、负债情况、还债能力和融资能力，在创业过程中，就能有意识、合理地贷款融资，发挥资金的财务杠杆作用，降低经营风险，同时管理好企业的资本运作。市场营销管理知识能使创业者正确分析产品的行业特征，细分市场，对产品正确定位，找到产品的目标市场，利用产品的生命周期，不断推陈出新，为企业创造现金流。总之，专业知识为创业者进行创业企业的正常运转、赚取利润、获得长远发展提供保障。

(3)创业者知识的更新与完善。当然，一个人不可能具备上面提到的所有的知识，这就需要创业者通过组建优势互补的创业团队来实现。另外，创业者可以通过学习来弥补自己缺乏的知识。学习知识的主要途径有：

①大量阅读。书籍是先行者智慧的结晶。通过大量阅读可以迅速地扩大自己的知识面，减少摸索的时间。创业者可以根据自己工作中发现缺乏的知识来选择阅读的素材。

②参加学习班。目前社会上有很多种学习班，创业者可以通过参加学习班迅速弥补知识上的缺陷，特别是参加高水平的培训班。

③与成功创业人士交流，比如参加各种形式的俱乐部，从他们那里学到经验并吸取教训，以便自己少走弯路。这些成功人士在某些方面比较优秀，创业者可以从他们身上学到很多有益的东西，他们成功的事例能不断地激励创业者前进。另外，他们的某些失误又可以为创业者提供反面的教材，在以后的创业中可以避免犯同样的错误。

④实践。实践出真知，通过实践可以增强自己对事物的感性认识，并在实践中检验理论，提高自己的实际操作能力。在实践中，最好将自己的体会与他人交流，因为这样既可以加深印象，同时不足之处又可以得到他人的指教。

4.能力特征

创业者要成功创业需要多种能力，主要有经营能力、管理能力及人际关系能力等。

(1)经营能力。经营能力是创业成功的关键。要做创业者首先要做一个出色的经营者。经营者要有浓厚的经营兴趣，对经营有兴趣不仅是做经营者的先决条件，而且是经营中始终应该具备的素质。兴趣激发工作热忱，而热忱几乎等于成功的一半。有了经营兴趣，即使再累再苦都能轻松应对。经营活动是将创业计划变成现实的手段。创业的成功在于把创新思路及计划付诸实践，最后转化为现实。实施能力是创业者实现创业梦想的手段。

(2)管理能力。管理能力主要包括战略管理能力、营销管理能力和财务管理能力等。战略管理能力指整体地考虑企业经营与环境，理解如何适应市场，如何创建竞争优势的能力。创业者需要根据企业的优势、劣势并结合外部环境的机会、挑战正确地制定企业发展的战略目标。只有确定了正确的战略目标，企业才能走得更远。

营销管理能力是指洞察企业提供的产品和服务及其特性，理解它们如何满足顾客的需要和如何使顾客认识其吸引力的能力。创业者需要根据行业发展状况、竞争对手的缺陷，细分市场，找到自己的产品、服务的顾客目标群。同时，也可以为自己的产品创造市场。财务管理能力是指管理企业资金，能够保持对支出的跟踪和监控现金流，以及根据其潜力和风险评价投资的能力。投资创业必须会理财，"有钱无计划，花钱如流水"不是创业者的品格。创业者必须要有基本的财务知识，懂得如何融资理财，具备资金的时间价值观和机会成本意识。很多创业者有风险意识，但是无资金的时间价值观和机会成本意识，不知道今天的一元钱比明天的一元钱更值钱。

(3)人际关系能力。一个创业中的企业需要来自组织内外诸如员工、股东、顾客、政府、供应商和投资者等的支持，有些服务性的行业还需要所在社区的支持。

为此，创业者需要在与这些利益相关者打交道中具备处理各种人际关系的能力。人际关系能力包括激励能力、沟通能力及谈判能力等。激励能力是指唤起人们的热情，使他们全身心地投入其正在进行的工作的能力；沟通能力指运用口头和书面等语言表达思想和传递信息的能力，在当今信息社会，随着电子商务的推广和信息技术的普及，网络成为沟通的重要形式；谈判能力指能够权衡利弊、随机应变，能够确认双赢方案和对方达成协议的能力。

4.2.4 创业者的素质与能力

1.创业者的基本素质

从成为创业者这一角度来看，显然并无太多特殊的要求，创业者并不是特殊人群。而成功的创业者不仅要具备一般人的基本素质，还要具备独特的创业素质。这些独特的创业素质主要包括以下七个方面：

(1)创业者身体素质

良好的身体素质是成功创业的前提，健康的身体是成功创业的基础。第一，创业之初，受资金、制度、管理、经营环境等各方面条件的限制，许多事情都需创业者亲力亲为；第二，创业过程中，创业者需要不断地思索如何提高经营管理水平，从而使企业在激烈的竞争环境中迅速成长；第三，在整个创业过程中，创业者工作时间远远长于一般工作者，并且需要承受巨大的风险压力。所有这些因素要求创业者必须具备充沛的体力、旺盛的精力、敏捷的思路，如果没有过硬的身体素质，创业者必然力不从心、难以承受创业重任。

(2)创业者道德素质

道德是理想之光，成功的创业者必定是一个道德高尚的人，他会在创业的过程中，造福一方，惠及他人，做到言出必行、讲诚信。创业过程中，创业者要做到两点：第一，适度控制私心小利。从个体角度讲，如果创业者过于看重自己的利益得失，不注重维护创业团队成员或企业员工的利益，创业者将成为孤家寡人。从企业的角度讲，如果创业者过于关注企业局部、短期的利益，企业则很难做大、做强、做久。第二，创业者要做到得意不忘形，失意不失志。一个成功的创业者在创业顺利时能够居安思危，在创业失利时能够保持斗志使企业转危为安。

(3)创业者心理素质

创业的成功在很大程度上取决于创业者的心理素质。创业者在创业的过程中难免会遇到诸多的挫折、压力甚至失败，这就需要创业者具有非常强的心理调控能力，能够持续保持一种积极、沉稳、自信、自主、刚强、坚韧及果断的心态，即有健康的创业心理素质。宋代大文豪苏轼说："古之成大事者，不唯有超世之才，亦必有坚忍不拔之志。"只有具有处变不惊的健康心理素质，才能到达胜利的彼岸。

(4)创业者思想素质

企业是一步一步做大做强的,这要求创业者必须具备特殊的思想素质,具体包括:第一,既要志存高远,又要脚踏实地。创业者既要为企业做全局的、长期的未来战略规划,又能步步为营按照市场规律办事,从小处做起,做到精细管理。第二,既要有胆有谋,又要有风险防范意识。创业不是靠运气,而是靠胆识和谋略,是一种理性的风险投资,这也要求创业者必须有胆有谋。同时,创业集融资与投资为一体,有一定的风险,这又要求创业者必须有一定的风险及防范风险的意识。

(5)创业者知识素质

创业者的知识素质对创业起着举足轻重的作用。创业者要具有创造性思维,要做出正确决策,必须掌握广博知识,具有一专多能的知识结构。具体来说,创业者应该具有以下几方面的知识:第一,正确认识国家政策法规,唯有此才能用足、用活政策,依法行事,用法律维护自己的合法权益;第二,了解科学的经营管理知识和方法,提高管理水平;第三,掌握与本行业本企业相关的科学技术知识,依靠科技进步增强竞争能力;第四,具备市场经济方面的知识,如财务会计、市场营销、国际贸易、国际金融等。

(6)创业者经验素质

经验素质是创业者在创业过程中实践经验的积累。经验是形成管理能力的中介,是知识升华为能力的催化剂。缺少创业经验,是创业者特别是大学生创业者面临的一个重要问题。创业需要创业者具备很强的综合能力,一些创业者虽然有一些好的创业构想,但是由于缺乏创业经验,不是项目很难得到市场的认可,就是很容易被别人复制。要想提高自己的创业成功率,创业者就应该考虑如何去积累创业经验,切实提高经验素质。

(7)创业者协调素质

创业者在创业过程中需要协调企业内部各部门、各成员之间的关系,同时,还要协调企业与外部相关组织、个人之间的关系,这种关系既包括工作关系也包括人际关系,所有这些要求创业者必须具备综合的协调素质。创业者的协调素质,是一种性质复杂的素质,要求创业者懂得一套科学的组织设计原则,熟悉并善于运用各种组织形式,善于用权,能够指挥自如,控制有方,协调人力、物力、财力,以获得最佳效果。

2.创业者能力

创业者能力是指创业者解决创业过程中遇到的各种复杂问题的本领,是创业者基本素质的外在表现。从实践的角度看,创业者能力表现为创业者把知识和经验有机结合起来并运用于创业管理的能力。它具体包括以下六个方面的能力:

(1)创业机会识别能力

创业机会识别能力是指创业者采用种种手段来识别市场机会的能力。创业者可以通过以下四个方面提高自身的机会识别能力:第一,关注技术、市场和政策的变化,提高对环境变化的敏感度及警觉性;第二,重视交往,组建自己的社会网络,丰富创业信息来源渠道;第三,明确创业目标,提高创业机会评价能力;第四,重视自身创造力的培养,塑造创造型人格,提升机会识别潜力。机会总是稍纵即逝,能敏捷捕捉机会,果断决策,是创业者创业的思维基本功。

(2)创业风险决策能力

风险决策能力主要体现在创业者的战略决策上,即创业者在对企业外部经营环境和内部经营环境进行周密细致的调查和准确而有预见性的分析的基础上,确定企业发展目标,选择经营方针和制定经营战略的能力。创业者有时候也进行一些战术性决策,但更多的精力是用于战略决策。

创业者培养决策能力应注意以下三点:第一,克服从众心理。决策能力强的人,能摆脱从众心理的束缚,思想解放,冲破世俗,不拘常规,大胆探索,唯有此,创业者才能独具慧眼,捕捉到更多的机遇。第二,增强自信心。创业者首先要有迎难而上的胆量,其次要变被动思维为积极思维,再次要培养自己的责任感和义务感。

第三,决策不求十全十美,注意把握大局。

提高创业者决策能力有以下几种途径:从博学中提高决策的预见能力;从实践中提高决策的应变能力;从思想上提高决策的冒险能力;从心理上提高决策的承受能力;从思维上提高决策的创造能力;从信息上提高决策的竞争能力;从群

体上提高决策的参与能力。

(3)创业战略管理能力

创业战略管理能力指创业者整体地考虑企业经营环境，理解如何适应市场，如何创建竞争优势的能力。创业者需要根据企业的优势、劣势并结合外部环境的机会、挑战正确地制定企业发展的战略目标。只有确定了正确的战略目标，企业才能走得更远。创业者的创业战略管理能力要素包括三个方面：第一，专业技能，即做好工作需要的知识、经验，如设计能力、系统分析能力等；第二，交际技能，即能使企业产生正面的工作态度的能力，如合作、协调、激励、沟通等；第三，概念思考力，综合判断的能力，即能从企业整体的视野判断解决问题，做对公司整体有利的决策。

(4)创业开拓创新能力

开拓创新能力的实质是一种综合能力，它是各种智力因素和能力品质在新的层面上相互作用、有机结合所形成的一种合力。它是以智能为基础具有一定科学根据的标新立异的能力。创业者培养开拓创新能力要做好以下三点：第一，积累知识，增加才干。开拓创新需要胆识，也需要知识和才干。没有知识的积累，缺乏必要的才干，开拓创新就无从谈起。创业者的知识和经验积累越多，开拓创新的能力就愈强。因为一个人只有具备丰富的知识与经验，才能拥有超群的才干，过人的胆识，才能接受新思想，吸纳新知识，抓住新机遇，创造新成果。第二，培养想象力。想象力是从事任何职业的人都需要的，对需要具备开拓创新能力的创业者而言，进一步培养自己的想象力就变得更为重要。爱因斯坦在总结自身经验时指出：想象力概括着世界上的一切，推动着进步，并且是知识进化的源泉。第三，培养发散性思维能力。发散思维又称创造性思维、求异思维，是沿着不同方向、不同角度、全方位、多层次地寻找解决问题答案的一种思维方式。具备发散性思维能力，对培养创业者的开拓创新能力无疑如虎添翼。

(5)创业网络构建能力

创业者应当善于建立本行业的广泛社会网络，包括有关本行业的现代电脑网络。

密集的行业网络沟通有助于创业者从广泛的社会网络中获取高回报的创业信

息，促使创业者在巨型网络提供的信息精华中，吸取经验教训、培养创业精神，既勇于冒险，又坦然地接受失败。"网络"素质较高的创业者，由于掌握了丰富的发明、生产、销售等信息，因而其决策更为科学，成功率更高。

(6)创业组织管理能力

创业者是研究、开发、生产、销售等各个环节的协调者、组织者和领导者，因此，创业者应当具有组合生产要素，形成系统合力的组织管理能力。创业者尤其应具备以下两方面的能力：一是必须对自己经营的事业了如指掌，有预测生产和消费趋势的能力；二是善于选择合作伙伴，有组织或领导他人、驾驭局势变化的能力。

第5章 创业大学生应具备的素质培养

创业是人生的一项重大决策。对任何一个创业者来说，创业过程不仅充满了激情与憧憬、振奋与喜悦，更是充满了风险与挑战、挫折与艰辛。这对创业大学生的素质提出了很高的要求。许多人创业失败的一个主要原因是自身缺乏创业素质所致。

在知识经济时代，创业大学生必须具备真才实学，必须是德智体全面发展、综合素质较高的人才。总体来说，创业大学生应当在政治思想、文化知识、综合能力、身体心理、自我修养等方面都要达到一个较高的水平。否则，某一方面的偏废，都会影响创业活动的开展。具体来说，创业大学生应当具备如下素质：创业意识，这是想不想创业的问题；创业精神，这是敢不敢创业的问题；创业知识，这是懂不懂和会不会创业的问题；创业能力，这是能不能创业的问题。

5.1 应具备创业意识

事业的成功总是属于有准备的人，也属于有创业意识的人。要想取得创业的成功，就必须具备强烈的创业意识。强烈的创业意识能帮助创业大学生克服创业道路上的各种艰难险阻，将创业目标作为自己的人生奋斗目标。

5.1.1 创业意识的含义

所谓创业意识，是指一个人因为某种欲望而引起的创业动机、创业愿望等。它集中表现了创业素质中的社会性质，支配着创业大学生对创业活动的态度和行为，并规定着态度和行为的方向、力度，具有较强的选择性和能动性，是创业素质的重要组成部分，是大学生本人从事创业活动的强大内驱动力。

创业意识以提高物质和精神生活以及实现自我价值的需要为出发点。而这种需要又在很大程度上取决于具体的社会历史条件。因此，创业意识的激发、产生是受历史条件制约的。一个人的创业意识，既受各种社会环境、家庭环境和个人条件的影响，又受社会机制和历史条件的限制。因此，一个人是否具备创业意识，就取决于当时当地的历史条件以及个人某种欲望的强烈程度。

5.1.2 诱发创业意识的因素

创业不是一时的冲动或凭空想象出来的，它源自于人的一种强烈的内在需要，这种需要即某种欲望。例如，想改善自身生活条件、想证明自己的能力、想孝敬自己的父母等。它是创业活动最初的根本诱因和动力，是创业意识的最低层次。如果没有这种最初的需要，绝不可能产生创业行为。在个人存在某种欲望的前提下，诱发大学生产生创业意识和创业行动的主要因素有以下几种：

1. **政府的号召**

随着建设创新型国家战略的实施，国家进一步从政策层面落实这一战略，鼓励人们自主创业，鼓励企业进行自主创新。进入新世纪以来，高校大规模扩招后的毕业生数量急剧增加，大学生就业形势严峻。对此，中央政府以及各地市政府先后出台了鼓励创业的文件和政策，鼓励人们创业。一些大学生因受这些政策的鼓舞和感召，从而产生了创业的愿望。

2. **对现实生活工作状态的不满**

人人都有理想，大学生更是如此。刚刚毕业并走上社会的大学生，个个都怀揣着梦想和家人的重托。可是，社会现实是残酷的，无论是工作还是恋爱婚姻，无论是金钱还是社会地位，都难如其心愿。这时，他们心中就会有一个理想中的自身状态与现实中的自身状态的矛盾斗争。当这种矛盾斗争日益强烈时，心中就会产生一个改变现实状态的强烈愿望。而改变这种现实状态的唯一合法选择就是创业，以此来改变自己的命运、得到自己想要的结果，由此产生创业意识。

3. **对某个项目的强烈兴趣**

客观世界是发展变化的，信息时代的变化更是复杂剧烈，新事物、新项目会层出不穷。同时，人人也都有自己的兴趣爱好。这样，一个人会在工作生活过程中遇到一个或几个自己感兴趣的项目，从而产生了强烈的创业意识。一些创业理论家还把兴趣当做选择创业项目的标准之一，让人们创业时选择自己感兴趣的项目、不选不熟悉没兴趣的项目，可见兴趣对创业成功的影响程度。

5.1.3 大学生创业意识的培养

对于一名大学生来说，培养创业意识主要有以下途径：

1. **树立远大理想，坚定报国信念**

一个人的理想越远大，回报社会、回报父母的信念越坚定，其创业意识就越强烈。所以，大学生要用社会主义核心价值观武装头脑，树立为社会奉献、为家庭和父母奋斗等正确的人生观、价值观和世界观，坚定为国家现代化建设贡献智慧和力量的决心。

2. **发展健康个性与兴趣**

健康的个性与兴趣可以激发创业大学生的创业热情、升华创业意识，是创业意识形成的重要因素。因此，要积极参加学校兴趣小组和社团活动，利用好发展健康个性和兴趣的平台，有意识地培养创业意识。

3. **摒弃安逸思想，培植创业发展心理**

在日常工作生活中，如果抱着一付随遇而安的安逸思想是不可能成就一番事业的。因此，在生活学习以及将来的工作中，大学生要注意培植个人求发展的心理，积极进取，不安于现状，使创业需要发展为创业动机。

4. 不畏艰难，勇于拼搏

在日常学习生活中，要注意培养强烈的事业心和责任感，刻苦钻研、努力学习，牢固掌握专业知识和技能；树立高标准、严要求、不怕困难、勇于创新、争创一流的思想。由此来激发创业意识。

5. 积极投身社会实践，养成善于观察、勤于思考的良好习惯

大学生要在实践中锻炼自己，了解自己，了解社会，完善素质，提高能力。要注意通过对事物的观察和思考来激发创业需要、树立创业理想、坚定创业信念。

6. 端正对创业的认识，培养全面能力

大学生要形成正确的创业意识。因为，创业意识直接关系到大学生创业能力的培养，以及创业活动能否得到家庭的认同。现在很多人仍认为，创业只是找不到工作的学生才去干的不体面的事。大学生必须摒弃这种错误的观念，形成"创业是实现人生价值的重要途径"的意识。

5.2 应具备创业精神

创业精神既是创业的动力源泉，也是创业的精神支柱，是成功创业的前提。没有创业精神，一般也不会有创业行动，更无从谈起创业。即或有创业，往往也是浅尝辄止、半途而废。因为，创业的道路不会一帆风顺，总是充满着荆棘和困难。因此，顽强勇敢执著的创业精神对于成功创业至关重要。创业精神包括欲望、自信、胆量、忍耐四个方面。

5.2.1 欲望

欲望实际上是一种生活目标或人生理想。人人都有欲望，但创业者的欲望却与普通人有所不同。他们的欲望往往超出其现实，需要打破其现实立足点才能实现。所以，创业者的欲望往往伴随着行动力、勇敢精神、牺牲精神。这不是一般人所能做到的。在一些机关事业单位偶尔会看到一些表情木然、行动萧索、心态落寞的人，他们的唯一心愿就是维持现有的局面。他们祈求工资能够按时足额发放即可。他们本来已有足够的学识、能力和资源来开创一番事业，但他们没有这样的欲望，只觉得目前的生活足够好。这样的人不限于某个单位，任何一个有人群的地方都有这种人，而且规模庞大。怎么能期望这样的人去创业呢？

成功创业者的欲望多来自于现实生活的刺激，是在个人需求基础上外力作用下产生的。这种外力有时是正面激励型的，有时是反面激励型的。有的时候，刺激的发出者往往让承受者感到屈辱、痛苦，在心中激起一种强烈的愤恨与反抗精神，从而使他们做出一种超常规的行动和能力。这大概就是孟子所说的"知耻而后勇"。一些创业者在创业成功后往往会说："我自己也没想到自己竟然还有这两下子"。他们的人生"三部曲"是：自己想得到某种东西或想实现某种愿望，但凭目前的身份、地位、财富却又得不到；产生创业意识并开始创业，希望以此改变目前的人生状况；创业成功，现实状况得到改善。

因为欲望而不甘心、而创业、而成功，这是大多数白手起家的创业者走过的共同道路。关于人的欲望，知名地产商冯仑有一段十分精辟的论述。他说，奴隶主的生活最权威，地主的生活最愉快，企业家的生活最有成就感。"地主地里能打多少粮食，预期很清楚，一旦预期清楚，欲望就会被自然约束，也就用不着再努力，所以会过得很愉快。企业家不同，企业家的预期同他的努力相关，预期越高努力就越大，努力越大预期就越高，这两个作用交替起作用，逼着企业家往前冲。"如果用"创业者"代替这段话中的"企业家"，那会发现也很贴切。一个真正的创业者，一定是怀有强烈欲望者。他们想拥有财富，想提高社会地位，想获得别人尊重。这是创业的最大推动力，也是创业大学生必须具备的创业精神。

5.2.2 自信

创业者应当非常自信，确信自己的能力和经验。成功的创业者与普通人的不同在于他们非常自信。一个人的成功不是命中注定的，而是完全靠自己掌握的。

自己可以支配自己的命运。这种坚定不移的精神在创业初期面对各种困难时尤其重要。例如，汽车大王福特决定开发八汽缸发动机时，设计师认为不可能。但福特非常自信，决心一定要开发制造出来。一年过去了，他仍然没有成功。但他没有气馁，继续坚持，最终获得成功，使福特V-8成为世界上最为辉煌的汽车，从而把福特汽车向前推进了好几年。北京富亚企业为了展示其涂料的绿色无毒，总经理很认真地做实验，请小猫、小狗喝富亚涂料。一群动物保护组织的成员听说后前去抗议，总经理伸手拿来玻璃杯，张口喝了下去……在场的人都惊呆了。富亚涂料当年的销量就增加了4倍。总经理喝的就是自信，就是市场。

成功的企业都具有感染他人的强烈自信。他们相信自己的判断、坚信自己的决策，而不习惯于听命于人。对创业者来说，自信是必不可少的品质。尤其是在创业期间，只有自信的创业者才能顶住压力，坚持、坚持、再坚持，执著、执著、再执著，最终取得成功。美通公司创办者王维嘉认为，他读博士的最大收获就是获得了自信。他说："如果有一种方法，比如通过催眠术可以使人达到自信状态，我就会省去读博士的时间。"

自信与执著密不可分。执著，指的是对自己向往的东西、喜爱的工作有锲而不舍的劲头，对自己的创业目标和信念永不放弃。伟大的创业者无不把"只有坚持不懈，才有可能成功"这句话作为自己的座右铭。经历一次又一次的失败而决不放弃，是创业者的主要行为特征。在创业的道路上，只有执著地沿着既定的目标和方向前进，才能克服创业道路上遇到的危机和障碍。

5.2.3 胆量

冒险就像探索一片神秘的沼泽地，你必须带足食品、器材和指南针。敢于冒险几乎是所有创业者共同的特性。但是，创业者绝对不是野蛮的冒险者，而是擅长评估风险的冒险者。如果你要问什么样的人最适合创业而有人回答说是赌徒时，那么你不要吃惊。道理很简单，创业本身就是一项冒险的活动，需要有强大的心理承受能力。赌徒最有胆量、敢下赌注，想赢也敢输。所以，他们最适合创业。科学研究发现，赌徒的心理承受能力远远高于普通人，而创业正是一项需要强大心理承受能力的活动。

研究发现，大凡成功人士都有某种程度的赌性。史玉柱的赌性大家都知道。当年在深圳开发 M-6401 桌面排版系统时，史玉柱身上只剩下了 4000 元钱，他却向《计算机世界》定下了一个 8400 元的广告版面，唯一的要求是先刊登广告再付钱。他的期限只有 15 天，前 12 天他分文未进，第 13 天他收到了 3 笔汇款共计 15820 元。两个月后，他赚到了 10 万元。史玉柱又将 10 万元全部投入广告，4 个月后就成为了百万富翁。这段故事如今被人们津津乐道。但是想一想，如果 15 天过去史玉柱收来的钱不够广告费呢？要是《计算机世界》再向史玉柱发一份讨债声明呢？果真如此，我们大概就永远不会看到一个轰轰烈烈和赌性十足的史玉柱了。

5.3 应具备创业知识

一个人的知识越多、结构越合理，其创新、创造力也就越大。因此，构建合理的知识结构是创业的必要条件。对于创业大学生来说，应当具备如下创业知识：

5.3.1 专业知识

要想成功创业，就必须具备相应的专业知识。掌握的专业知识越多越精，创业活动就越能有效地开展。

专业知识就是对某一领域内社会或自然界事物发展变化规律的概括和总结。它是人们长期社会实践及社会分工的产物，在形式上表现为某种性质的学科知识。不同行业有不同的专业知识，因此，要在不同行业领域创业，就需要具备与此行业相对应的专业知识。例如，如果在传媒产业领域创业，就需要具备广播电视专业知识或新闻报纸等专业知识。

专业知识对于创业者确定创业目标有直接的、至关重要的关系。要在某一领域内从事创业活动，就必须较为深入地掌握该领域的专业知识。掌握的专业知识越多越深，创业活动就越能得心应手，就越容易取得成功。当然，对于大学生而言，他虽然已经掌握了一定的专业知识，但在此专业领域还有一个深度和广度的问题；如果跨行业创业，则还有一个跨专业的问题。所以，要想到达理想的彼岸，就必须在专业方向上打下坚实的知识基础。综观近年来创业取得成功的大学生，无一不具有深厚的专业知识。因此，大学生在校期间一定要学好专业知识。不仅如此，还应把与之相关的非专业知识作为支撑。只有具备了深厚的专业知识与广博的非专业知识，才能正确分析形势、认清事物的发展趋势、把握全局，最终实现自己的创业目标。

5.3.2 管理知识

在一个企业中，各个成员的行动方向与努力目标并不一定相同，甚至可能相抵触。即便目标一致，如果没有整体的协调，也无法达到企业的目标。据调查，80%以上的亏损企业是由于管理不善所致。可见，所有企业都需要管理，新创企业更是如此。因此，大学生要想创业成功，就必须学习一定的管理知识，并将这些知识运用到未来的管理实践中去。

所谓管理，就是通过计划、组织、控制、激励等环节来协调资源，以期更好地完成组织目标的过程。在企业中，任何关系都最终表现为人与人的关系，任何资源的分配也都是以人为中心的协调，因而管理的关键是协调人与人之间的关系。管理活动主要有以下职能，也可以说主要有以下关键环节：

1. 计划

计划就是通过科学的预测而提出未来一定时期内所要达到的目标及其实现途径的活动。计划不是一成不变的。在计划期内，涉及计划目标的一些因素皆有可能发生显著变化，这足以使计划本身失去效用。因此，要不失时机地对计划进行修订，使计划保持有效性。计划的作用在于：明确组织的使命与宗旨，协调各种资源与组织活动；预测未来变化，减少外部环境变化的冲击；减少重复性和浪费性的活动；提供控制工作的依据与标准。

2. 组织

组织的含义有两种。一种是作为名词的"组织"。其含义是指完成特定任务的人们为实现共同目标而组成的一个有机整体。从这个角度讲，管理者的主要任务之一就是要使组织不断发展、完善，使之更富有成效地围绕共同目标开展活动。可见，这是管理的一个重要内容。另一种是作为动词的"组织"，有组织实施的意思，即有计划地调动人、财、物等资源，使之服务于企业某一时期的一个特定的目的。从这个角度讲，组织是管理的一个重要环节和重要职能。

3. 控制

控制是监视各项活动，以保证它们围绕目标进行并纠正各种偏差的过程。任何的企业活动都需要控制。控制对象是人、财、物、信息以及公司的总体效绩。控制的手段主要有：人员控制、财务控制、作业控制、信息控制、时间控制等。这些控制手段并不是相互排斥的，而是紧密相连的，可以同时采用几种控制手段，以保证控制的有效性。

控制的过程主要包括三个阶段：首先是衡量实际工作的绩效；其次是将实际工作绩效与标准进行比较；最后采取行动纠正偏差。

4. 激励

所谓激励，就是通过满足员工各种需要而激发其工作动力的一种活动过程。激励的实质就是激发和强化人的内在动机，使其行为朝着与组织目标一致的方向活动。例如在企业内部，借助信息交流与沟通，了解员工的物质与精神需要，然后再通过设计适当的外部奖励措施来激发、引导和保持员工的积极性、能动性和创造性，从而有效地确保员工与企业目标的一致。

一个企业的生产状况如何，固然取决于企业的机器设备等生产能力，但企业员工的积极性也不容小觑。在企业组织中，人是主体。这一主体的积极性能否充分发挥，决定着企业的兴衰。而员工的积极性又取决于他们的需要和动机。但是，员工的个人需要和动机是多方面的，也是十分复杂的，有时同企业发展的总体目标一致，但有时又存在着若干矛盾。因此，要使企业经营取得好的效果，就必须将员工当中复杂的、甚至是相互矛盾的需要和动机联系起来，统一于企业发展的总体目标和需要之中。这样，员工们才会朝着这种目标努力，发挥出巨大的创造力量，推动企业发展。

在实际工作中，必须针对员工的不同特点和不同的实际情况采取不同的激励方法。概括来说，常用的激励方法有精神鼓励法和物质激励法，即通过满足员工的精神需要和物质需要来调动其工作积极性。细致来说有以下几种：一是榜样激励法。管理者以某些方面有意识的行为来激发员工的积极性。二是沟通激励法。就是通过了解部属和员工的需求及其对企业的意见，让他们参与管理决策活动而调动其积极性。三是表扬激励法。即通过各种形式来宣传表扬员工的先进事迹、优点，从而使员工产生光荣感和进取心。四是情感激励法。即通过关心职工生活和个人成长进步方式来激发其积极性。五是考核激励法。即通过业务考核、绩效考核并加以奖励的办法来激发员工的积极性。六是目标激励法。即为员工确定适当的工作目标，并根据目标实现程度加以奖惩，从而诱发出员工的动机和行为，以达到调动员工积极性的目的。七是升降调迁激励法。指通过职务和职位的升降、调迁来激励员工的积极性。在实际操作中，要遵循公平、客观、公正等原则。八是职业发展激励法。对员工而言，职业发展是强烈的行为动机，帮助员工实现职业发展目标就是一种很好的激励方法。如给员工提供多种职业发展途径、从技术和管理两个方向给员工提供职业发展机会、给员工一生提供更加广阔的发展空间等。

5.3.3 法律知识

市场经济本质上就是法制经济。随着市场经济的逐步成熟与完善，我国相关法律规范已经渗透到生产、交换、分配、消费的各个环节和层面。创业大学生必须熟悉和了解相关的法律法规知识，做到知法、守法并用法律来保护自己的权益。开始创业前，大学生需要了解一些基本法律知识。相关的法律法规知识包括《公司法》《合伙企业法》《个人独资企业法》《担保法》《合同法》《票据法》《证券法》《著作权发》《专利法》《仲裁法》《会计法》《税法》《劳动法》，等等。本书第九章将专门对此进行讨论。

5.3.4 营销知识

创办企业的目的，在于通过营销活动在市场上把产品或服务销售给消费者，在满足消费者需要的同时获得利润。可见，营销活动是在市场上进行的活动，涉及市场、营销、商品或服务、消费者或顾客等诸多概念和原理。营销不只是企业经营活动的某一方面，而是始于产品生产之前，并一直延续到产品售出以后，贯穿于企业经营活动的全过程。因此，作为一名创业大学生，需要了解市场营销的相关知识。这些知识包括：市场营销的概念、任务、观念及营销环境；市场分析的方法、内容，以及选择目标市场、进行市场定位、确定营销战略的方法步骤；产品策略、定价策略、分销策略和促销策略，等等。

5.3.5 会计常识

会计是随着社会生产的发展和经济管理活动的需要而产生、发展起来的。会计最初表现为人类对经济管理活动的计量与记录行为。随着社会经济的不断发展，会计由生产经营过程的附带职能逐步发展成为独立职能，并由对经济的结果进行记录、计量和报告发展到对企业经济活动的全过程进行控制和监督，参与企业的经营决策，为企业内部强化经营管理服务。现代会计有财务会计和管理会计两大分支。财务会计是以传统会计为主要内容，通过一定的程序和方法，将企业生产经营活动中的业务数据汇总编制成会计报表，向企业外部与企业有利害关系的集团和个人提供，以反映企业经营成果和财务状况及其变动情况。管理会计是一种对内报告会计，指利用财务会计提供的会计信息及其他生产经营活动中的有关资料，运用数学、统计等方面的一系列方法，向企业内部各级管理人员提供信息。

当然，一个人不可能具备上面提到的所有知识。对此，创业大学生可以通过组建优势互补的创业团队来实现。

5.4 应具备创业能力

对于创业大学生来说，具备各种能力是创业成功的基石。因此，在创业前或创业过程中，要不断提高和培养这些能力。

5.4.1 学习能力

学习的能力包括获取知识的能力、应用知识的能力、创造知识的能力三个方面。可见，学习知识既要在广度上做文章，也要在深度上做文章，更要在创造性上下工夫。

创业大学生要在大学期间就注意培养学习能力，学会自学，学会带着问题，学会带着疑问，有目标、有针对性地学。学习的最终目的是运用和创新，能将创新成果迅速转化为现实生产力。

创业大学生在学习基本知识和基本理论的同时，特别要注意学习方法和研究方法，大胆怀疑，大胆想象，敢于创新。每个创业成功的人在学习方面都近似疯狂。他们不会放弃任何一个学习机会，生意对手、农民、教师、学生、商人、成功者、失败者……任何人都有可能成为他们的老师。他们通过学习来逐步充实自己、完善自己，努力打造一个尽可能全能的自我。商场中并没有所谓的"全能战士"，但是当一个人具备多方面的知识后，在创业初期便可一身多职，既能在市场一线打拼，也能对一份财务报表的复杂数据进行分析。这样才能大大提高企业运作的效率。

5.4.2 应变能力

应变能力是根据事物的发展变化而审时度势地调整自己行为的能力。一个具有应变能力的创业者，能够从表面的"平静"中及时发现内在的"变化"，并经过认真分析而对原先所做的决策进行及时的修正。具有应变能力的创业大学生不因循守旧、不墨守成规，对创业过程中遇到的新问题、新事物能够进行科学判断、审时度势、急中生智地做出正确的决策，领导企业走上成功之路。

5.4.3 沟通能力

现在的创业，一般分两类：一是技术类创业；二是服务类创业。这两类创业都需要足够的沟通力或亲和力。无论对团队核心人员还是对公司员工、合伙伙伴、投资方，沟通在其中发挥着最关键的作用。因此，创业大学生在人际交往中要做到热情大方、真诚待人，善于理解对方心理并注意从对方的角度考虑问题，从而获得融洽的感情和理想的人际关系。

5.4.4 经营管理能力

经营管理能力主要包括战略管理能力、营销管理能力和财务管理能力。创业者需要根据企业的优势、劣势并结合外部环境的机会与挑战，正确制定企业发展的战略目标。只有确立了正确的战略目标，企业才能走得更远。

营销管理能力是指能够洞察企业提供的产品和服务及其特性的能力。创业者需要根据行业发展情况、竞争对手的缺陷细分市场。

财务管理能力是指对财务资金收支进行跟踪和监控并根据其潜力和风险评估投资的能力。投资创业必须会理财，"有钱无计划，花钱如流水"不是创业者的品格。创业大学生应当要有基本的理财知识和理财能力，懂得如何融资理财，具备资金的时间价值观和机会成本意识。

5.4.5 策划能力

策划是一种创造性活动，就是通过自己的创造性能力来挖掘产品或服务项目的概念、深化其主题，使产品或服务富有文化内涵甚至人性特征。在企业生产经营过程中，创业者要能够用他人的智慧和资源为自己创造利益，必须拥有比别人更卓越的智慧，具备较强的策划能力，从而策划出比别人更好的方案，这样才能使自己的产品有更加吸引人的崭新概念。在当今物质丰富、高科技迅猛发展的时代，策划能力显得尤为最要。资料表明，近年来世界上成长最快的公司总体上来说是那些出售"概念"的公司而不是拥有最多资产的公司。大学生创业，一般不具备资产优势，也不具有经验优势。在这种情况下，要想"不战而偏人之兵"、赢得竞争优势，就不能忽视策划能力的培养。

5.4.6 自我控制能力

商场的要诀是"首先控制你自己，然后才能控制别人"。一个人一旦失去了自制，就会很轻易地被人击败。这是一条铁的定律。创业者在为自己打工，是自己的老板，在时间上和决策上都有很大的自由度。这时，创业者的自我控制能力就显得十分重要。所谓自我控制，就是按理智判断和行事，克服情感满足这一本能愿望。但是，控制自己不是一件很容易的事情，因为我们每个人心中永远存在着理智与情感的斗争。只有具备了较强的自我控制能力，一个人的理智在关键时刻才能战胜情感。

5.4.7 抗击风险能力

创业充满着许多的不确定性，即面临着风险甚至失败。这就要求创业大学生必须具备抗击风险的能力。一是要有风险意识。要对可能出现和遇到的风险有所认识、有所准备。我国当前创业活动中的一个普遍现象是创业风险意识缺失，突出表现就是：对创业可能出现和可能遇到的困难在心理上准备不足；在决策方面不敢决策、盲目决策、随意决策；在管理方面，不抓管理，无序管理，不敢管理；在经营上盲目进入市场、随意接触客户、轻率签订商务合同。一个理智的管理者，既要认识风险，也要不回避风险，更要尽可能地降低风险和积极预防风险。二是学会分析风险。作为企业经营者，要能够对每一经营环节进行风险分析，做什么都不满打满算，都留有余地。对可能出现的风险有明确的认识，制定解决的预案。三是善于评估风险。能够通过分析来预测风险可能会带来的负面影响。例如，投资一旦失误，可能造成多大损失？借款万一到期无法偿还，可能造成多大经济损失？货款一旦无法收回以及库存积压，对流动资本周转将产生多少影响？资金周转（现金流）出现不良循环对正常的经营活动可能会造成什么危害和后果？等等。四是积极预防风险。对可能的风险要采取积极对策。例如，对投资方案进行客观评估，对市场进行周到细致的调查并制定合理的管理制度，确保流动资本的良性循环。一旦某个环节出现了问题，就要从整个系统着眼，采取补救措施，限制负面影响的扩散。五是规避和转嫁风险。风险是不可避免的，风险也是可以转嫁的。例如，财产投保可以转嫁投资意外事故风险；赊购商品可以转嫁筹资风险；以租赁代替购买设备可以转嫁投资风险，等等。

复习思考题

1. 大学生创业应当具备哪些素质？
2. 大学生创业为何要具备创业意识？
3. 大学生创业为何要具备创业精神？要具备哪些创业精神？
4. 大学生创业为何要具备创业知识？都包括哪些内容？
5. 大学生创业为何要具备创业能力？都包括哪些内容？

第6章 创业机遇把握与创业项目选择能力培养

大学生创业有几个关键因素，其中之一就是发现商机、选准适合自己的创业项目。创业项目的选择在某种程度上会决定创业的成败。

6.1 创业机遇及其把握

世界上万事万物无时无刻不处在发展变化过程中。而在这一过程中，总会或多或少地隐含着决定未来的玄机。创业是一种活动过程，内在地包含着某种有利的机会。对于创业者来说，如果能够把握这种玄机，那么就意味着把握住了未来。如果能把握未来，也就意味着能够把握成功。因此，能否把握机遇是影响创业成败的重要因素之一。

6.1.1 创业机遇的含义

虽然创业机遇的识别和把握主要依赖于创业者的主观判断，但创业机遇实际上却是一种客观存在。准确界定创业机遇的内涵和外延，是识别、评价和开发利用创业机会、开展创业活动的前提。

创业本质上是一种创新活动，要求创业者深刻认识甚至创造新事物的商业用途、识别人们愿意拥有或使用新事物的机会，并积极采取行动把机会转变为可行的、有利可图的事业或企业。而机遇，即有利的境遇，是那种可遇不可求的好时机，是从事某项活动的有利通道和恰当时机。创业机遇也称创业机会，是指将产品、服务、原材料以及市场组织方法以创新方式重新组合，进而满足潜在的市场需求，以实现市场价值并盈利的一种机会。

6.1.2 如何把握创业机遇

对于大学生来说，创业不仅需要激情、勇气，更需要的是理智和悟性。机会可遇不可求，它的到来好比一列快速行驶的列车，而每一个想要登上这列快车的人，根本不可能在它到来时再手忙脚乱地去抓它，那是极其困难的事情。你想要登上它，需要提前做好各方面的充分准备。比如你精神上高度集中、反应能力极强，或身体灵活、肌肉强健，这样才能保证你能在列车到来时身手敏捷地登上它。如果没有做好这些准备，那你只能眼看着机会在你面前溜走。悟性就如同登车前做的从身体到精神的各种准备，它是一种发现、评估和把握机会的能力。怎么样才能使自己提高把握机会的悟性呢？

1. 开阔视野，广泛收集信息

人类进入信息时代，信息就是资源，信息中包含着机遇。在激烈的市场竞争中，各种机遇就蕴藏在瞬息万变的大量信息之中。因此，无论你做什么，都要时刻留心机会、注意收集信息。开阔视野的途径有很多，如旅游、接触陌生人、看新闻、与朋友或者老师聊天等。我们接触和尝试的新东西越多，我们就会越聪明和具有创造力。我们必须伸长"触角"，广泛收集信息，从中发现机遇，并把它转化为相应的经济效益和社会效益。

2. 善于识别和捕捉机会

对于创业者而言，最难过或者最痛苦的事莫过于在机会面前浑然不知，直到机遇与其擦肩而过。信息是捕捉机会不可缺少的要件，但只会收集信息还不够，还要学会分析、利用信息，能识别信息的价值。并不是所有收集到的信息都能在创业者的手中转变为财富，创业者需要培养对事物的洞察力和判别力，这样才能从丰富的信息当中挖掘出那些对于自己的发展非常重要的信息,从中发掘出宝藏,使信息为自己产生效益。这就要求把自己培养成一个有准备的头脑,即锻炼自己敏锐的观察力、准确的判断力、丰富的想象力和科学的预见性。从根本上说,就是要从知识、能力、品德等诸多方面完善自己,提高自身的综合素质,形成敏锐的市场触觉。

3. 为实践创业机会准备和创造条件

创业者在发现并选定创业机会以后,就要制定实施创业机会的规划,为规划的实施准备好所需的条件。我们所说的条件包括"软件"和"硬件"。所谓的软件,是指把握创业机会所需要的企业形象、政策、工作制度和管理方法等。所谓硬件,是指把握创业机会所需要的人才、资金、设备和场所等。

6.1.3 文化传媒产业领域蕴藏的创业机遇

创业总是在一定的社会环境中进行的。而创业机遇却与社会环境的发展变化密切相关。要成功创业,就要预测到这种变化、把握住这种变化、顺应这种变化。就文化传媒产业而言,它将是我国未来若干年产业发展的重要领域,蕴藏着许多创业商机。

1. 文化传媒产业将成为国家重点扶持和发展的支柱产业之一

按照经济学的通俗定义,所谓支柱产业,是指增加值占 GDP 的 5%以上的产业。据此衡量,发达国家的文化传媒产业已日益成为其重要支柱产业之一。2007年,美国娱乐传媒产业总支出为 8762.9 亿美元,占 GDP 的 6.3%,2002 年—2007 年复合增长率为 6.1%,预计 2007 年—2012 年复合增长率为 6.2%,远远快于同期 GDP 的增速。

英国自 1998 年提出创意产业(creativeindustry)以来,创意产业已超过老牌金融业,跃升为一个强劲发展的新型经济增长点。据英国文体部 2004 年 8 月发布的《创意产业经济估算统计公报》数据,2002 年创意产业的整体经济贡献占英国 GVA(经济附加值)的 8%(约 534 亿英镑),超过了英国老牌金融业(约占 GVA 的 5%)。1997—2002 年间,英国创意产业产值年均增速为 6%,高于同期英国

GDP 增速（约 3%）；创意产业出口额年均增速为 11%，高于英国同期总出口额的增速（约 3%）。

与世界发达国家比较，中国的文化传媒业无论在总量规模方面，还是在相对发展度和成熟度方面，差距均十分明显。在中国的各个产业门类中，文化传媒业是开放度最弱的行业之一，也是市场化和产业化运作最晚的行业之一。在今后的全球化竞争中，中国作为一个经济、政治、军事大国崛起，绝不能在缺少文化的情形下"跛足"前进。文化传媒产业发展滞后，越来越成为影响国家战略实施的重大问题。因此，国家制定和实施了《文化产业振兴规划》，把文化传媒业列入国家重点扶持和发展的战略产业之一。文化传媒业必将释放出"最后一座金矿"的巨大经济价值。

2. 文化消费需求的增长成为推动文化传媒产业快速发展的动力

改革开放以来，中国国民经济保持持续快速增长，人民生活水平日益提升。物质生活的逐步富裕，推动了广大群众在文化方面和精神方面的需求增长，使文化消费总量快速增长。中国社科院发布《文化蓝皮书：中国文化消费需求景气评价报告（2011）》中指出，从 2000 年至 2009 年，全国城乡文化消费总量从 2704.35 亿元增长至 7521.44 亿元，2009 年为 2000 年的 2.78 倍，总净增长 178.12%，年均增长 12.04%。从乡村来看，2000—2009 年，全国乡村文化消费总量从 1520.60 亿元增至 2442.21 亿元，2009 年为 2000 年的 1.61 倍，总净增长 60.61%，年均增长 5.41%。城镇方面，2000—2009 年全国城镇文化消费总量从 1183.75 亿元增至 5079.23 亿元，2009 年为 2000 年的 4.29 倍，总净增长 329.08%，年均增长 17.57%。蓝皮书指出，2000—2009 年，全国城镇文化消费需求增长稍滞后于全国经济增长，而领先于城镇收入、总消费增长。从统计数据来看，我国文化消费总量不高、文化消费满足程度不足的问题比较明显，还有很大的成长潜力。随着文化消费潜力的逐步释放，必将拉动文化传媒产业的发展。

3. 文化产业作为朝阳产业，呈现出快速发展的良好态势

世界各国都十分重视文化产业发展，文化产业发展迅速。目前，我国文化产业的发展仍处于振翅待飞的阶段。伴随着经济开放程度的不断加深、国家利好政策的不断刺激，我国文化传媒产业必将迎来大发展。文化部部长蔡武在接受记者采访时说，近年来，我国文化产业发展总体速度较快，文化产业增加值占 GDP 比重稳步提高。2004—2010 年，全国文化产业增加值年平均增长速度超过 23%，2010 年全国文化产业的增加值突破了 1.1 万亿元，占国内生产总值的比重为 2.78%，一些省市文化产业增加值占地区生产总值超过 5%，已经成为当地的支柱性产业。按照平均增速估算，2016 年我国文化产业的增加值占国内生产总值的比重将达到 5%，在全国范围内可以实现文化产业成为国民经济支柱性产业的目标。

4. 文化产业政策环境不断优化

进入新世纪以来，中国政府已经越来越清醒地认识到，文化与政治经济相互交融，文化在综合国力竞争中的地位和作用越来越突出。2009 年 7 月，国务院原则通过《文化产业振兴规划》；2010 年 4 月，九部委发布《关于金融支持文化产业振兴和发展繁荣的指导意见》。在政策的推动下，资本快速向文化产业聚集，数批相关的文化产业基金迅速成立并进入投资期。党的十七届六中全会审议通过的《中共中央关于深化文化体制改革，推动社会主义文化大发展大繁荣若干重大问题的决定》，不仅吹响了"文化强国"的号角，而且进一步强调"加快发展文化产业，推动文化产业成为国民经济支柱性产业"。可以预见，今后一个阶段的文化及传媒产业政策的基本取向将以大力扶持为主，体现为振兴和激励。

5. 拥抱技术创新，文化传媒产业浴火重生、焕发生机

在各个产业部门中，文化传媒产业历来是对新技术最敏感的行业，也是采用新技术最踊跃、最彻底的行业之一。每一轮新技术革命，都会繁衍出新的媒介传播渠道和传播方式。但每次新媒介的产生，并没有导致传统媒体消亡，而是导致新旧媒体在竞合、交融中焕发生机。

20 世纪 90 年代以来，以数字技术、宽带网络技术、移动通信技术为代表的新技术浪潮席卷全球，吹响了人类社会由工业社会向信息社会转型的号角。哪个产业最先采用这些新技术，就会在新一轮技术、经济和全球化竞争中占领先机。互联网和移动通信技术最先冲击的就是文化传媒产业。传统内容（数据、信息、知识、文化）基本是由少数精英创造的。而互联网和移动通信技术为普通大众参与内容创造（UserGeneratedContent）提供了空前便捷的手段，内容创造群体规模迅速扩大，内容数量爆炸、信息量过剩，对内容产业链的结构和运作模式带来革命性冲击；互联网和手机作为一种新的内容传播渠道，具有实时快捷、参与互动、定位精确、大容量等独特优势，对传统报纸、广播、电视等媒介构成巨大威胁，大量分流了传统媒体的观众和收入。但传统媒体并没有在竞争中坐以待毙，而是积极采用新技术推动业务转型，在交织、融合中不断创造新的商业"蓝海"，焕发勃勃生机。

6.2 创业项目选择

创业者最容易犯的致命错误就是自认为评估、判断是多余的，一味地、主观臆断地选择项目。据中国创业招商网统计，90%的人曾经有过创业冲动，其中60%的人会付诸实施，但其中仅有10%的人会成功。那么，为什么会有这么多人失败呢？中国创业招商网最近展开的一次调查发现：98%的失败者是因为没有选准合适的项目。可见，项目选择是创业过程中的关键一环。对创业者来说，选择一个好项目，就相当于跨出了走向成功的第一步。

6.2.1 创业项目选择原则

1. 符合法律和国家产业政策

创业是在国家法律以及相关产业政策的大环境下进行的，必定要受到国家法律及相关政策的影响和调控。国家对于有些领域是明令禁止的，如制毒贩毒、军火的生产和经营、非法传销等；有些领域是有限制条件准入的，如制药、烟草等；有些行业是有资质限制的，如大型的建筑安装工程、矿山开采等；有些领域是大力支持和鼓励的，如文化产业、高新技术产业等。因此，选择创业项目时，要以国家政策和法律为依据，不能选择法律限制或禁止的项目，应选择国家产业政策鼓励、支持的产业或项目。符合国家产业政策的项目可以享受很多优惠条件，并得到相关部门和政策的扶持。例如在沈阳，毕业三年以内的大学生，如果其创业项目符合国家产业政策和法律要求，提供相关文件与证件，经批准后可入驻大学生创业园，并享受低于市场价格的场地费用和免费获得办公用品、创业辅导课程以及法律、财税、管理、技术等方面的指导等。

2. 目标市场明确，有开发潜力

成功创业的一个重要方面就是发现并利用市场上出现的机会，而顾客的需求就是市场机会。创业要乘"需"而入。创业不但要乘"需"而入，还要尽量能够做到经久不衰。产品的市场支持力、市场容量及自身接受能力，对创业者来讲至关重要。所以，创业者要通过市场调查，分析所选项目是否在目标地域、目标群体中有现实的和潜在的消费需求以及自己是否可以顺利进入该市场等问题，并尽可能地选择那些具有广阔市场前景的项目。

3. 项目切实可行，易于操作

对于初始创业的大学生来说，选择可操作的项目是最重要的。选择创业项目，不能一味地凭空想象，必须在深入调查的基础上进行可行性研究和分析。如何选择到适合自己发展和容易成功的项目呢？选择依据是什么？一般主要根据项目是否符合个人兴趣、投资额大小、投资回报水平、行业前景与市场潜力大小、经营场所要求、市场准入、需要的员工技能、需要的人际关系资源、上下游业务渠道控制能力等方面来确定。对此，要从实际出发，不贪大求全。瞄准某个项目时最好适量介入，以较少的投资来了解和认识市场。等到自认为有把握时，再大量投入，放手一搏。不要嫌投入太少而获利低。因为"船小好调头"，即使出现失误，也有挽回的机会。

4. 项目有新意，以新取胜

就创业而言，创业者是很需要一些敢为天下先的勇气的，因为创业本身就是一项创新活动。我们很难想象，一个陈旧俗套、立意平平的创业项目能够获得投资者的青睐或者在激烈的市场竞争中站稳脚跟。创业项目多多少少都需要有一点创新或者独特的新意。当然，创业项目也不是越新越好。因为革命性或者全新的项目，其市场推广的难度非常大，风险非常高。对于资金不充足的创业者，针对现有的产品与服务进行改进或重新设计现有商业模式，就比创造一个全新的产业模式要容易得多。

5. 选择自己熟悉的项目

要提高创业成功的几率，一定要对某一行业愈熟悉愈好，不能光凭想象冲动做事。许多创业者都是因为有一门专业是熟悉的，因而萌生了创业的想法。例如，一些农学专业大学生农村创业大有作为；计算机专业大学生 IT 创业如火如荼……因此，创业要从自身实际出发，不能为追求所谓的创业热点而盲目投资，以免决策失误而功败垂成。个人创业选择项目一定要遵守"不熟不做"的宗旨，选择自己熟悉或十分热爱的行业和项目。选择的项目与自己过去的从业经验、技能、特长和兴趣爱好越吻合，对行业的产供销越清楚，则创业越有内在和持久的动力，成功的可能性也越大。

6.2.2 创业项目选择范围

在项目的汪洋中找到属于自己的那一个，可谓大海捞针。但是，凡事都有规律可循，可用下面的路径来确定项目选择范围：

1. 排除不能做的项目

根据国家政策和法律，结合自身的实际，要弄清楚什么事情是自己不能做的、是力所不能及的，并将其剔除。这样就排除了一大片。

2. 确定可以做的领域

创业者要知道哪些事情是自己可以做的，把具有发展潜力的项目划进来。划进圈子里的项目要具有发展的空间与时间。空间意味着有发展的广度和深度，时间意味着该项目有一个发展持续阶段。任何一种产业都有一个长长的链条，环环相扣。只要能够抓住其中的一个环节，项目的前景便显露出来。比如，由环境保护引发江河治理，进而会导致大批中小造纸厂关闭，最终产生纸制品的供求不平衡局面，使纸制品空出了一块市场。创业者就可考虑用再生纸作资源去填补这一空缺。

3. 对可以做的事情进行排序

根据自己的优势、强项、兴趣、知识积累与结构等把适合自己的项目列出来，再与稳定的、恒久的、潜在的需要进行对比，对可选择的项目进行排序。

4. 确定适合自己的创业项目

在自己可以做的领域中，结合自己的资源优势进行筛选，创造一个切入的端口，确定创业项目。

通过上述步骤的层层筛选，创业项目的轮廓已清晰可见了。

6.2.3 创业项目选择步骤

创业项目选择是创业策划中的一个十分重要的问题。一个好的创业项目，在一定程度上影响和决定了创业企业的成功与发展。创业者可选择的创业项目有许多，但从中选出一个适合自己的项目并不是一件容易的事。而创业项目的选择对以后的投资又有着举足轻重的影响。因此，对于创业项目的选择既要慎重、全面考虑，又要遵循一定的步骤。创业项目选择应当遵循如下步骤：

1. **进行市场分析**

在某些情况下，创业项目的选择可以说是从市场分析开始的。因此，准确的市场分析是选好创业项目的前提。可靠的市场容量和增长速度可以为创业企业带来商机，相反也可能限制创业企业的灵活性与发展。创业项目的市场分析主要包括三个部分。

第一，行业环境分析。行业环境分析有很多方法，常用的有波特的五种力量分析法（现有竞争对手、供应商、购买者、替代品、新进入者）。通过分析能大致了解行业概况并预测行业发展趋势，可以得知新事业在市场中的地位以及可能遭遇的竞争对手的反击程度。除此以外，还有行业专家访谈和二手资料分析的方法。专家访谈包括行业协会、政府主管部门、大学和研究院所专家、竞争对手雇员、客户所在单位专家等。二手资料的来源包括专业网站、综合经济网站（如国研网、中国经济信息网等）、专业报刊、行业协会报告、专利数据库、中央及省级政府部门行业发展计划、专业展览会、专业研讨会、专业咨询机构报告等。

第二，目标市场分析。目标市场分析首先必须确定市场细分的标准。如果是个人消费者，一般的标准有年龄、性别、家庭人数、收入、地理区域等。如是单位客户，一般的细分标准有行业、地区、规模、利润、购买目的、产品性能等。

确定细分的目标市场后，就可以制作访谈问卷。简单的调查问卷一般包括两部分：基本信息部分和深入问卷部分。个人消费者基本信息部分的内容可以包括姓名、住址、联系电话（以便进一步联系深入访谈）、年龄、性别、婚否、家庭构成、收入和可支配收入、职业、教育程度、宗教信仰、性格特征等。单位客户的基本信息可以包括行业、地址、销售额、利润、员工数、主要产品或服务、现有供应商、购买决策者、需求数量等。制作访谈问卷之前可结合行业分析试访几个潜在客户，以便使问卷更具可信度。

第三，竞争对手分析。对竞争对手的调查既有助于创业者摸清对手的情况，又能从中学习其长处，从而提高新建企业的竞争能力。创业者想击败对手，必须确切地知道对手的产品、研发能力和技术储备、目标市场及营销策略、目前的盈利状况和潜力、核心竞争能力、技术人员和管理人员、生产设备和生产能力、供货商情况、成功或失败的根本原因、采取的战略、销售渠道及销售系统、主要客户以及主要客户对他们的产品评价、忠诚度等。有了竞争对手的这些信息，创业者就能有针对性地进行SWOT分析（企业的优势、劣势、机会、威胁），制定专门的对策迎接市场竞争。

2. 进行财务评价

选择起步项目必须关心它可能形成的财务效益。财务评价是对过去财务状况的总结分析和对未来状况的预测。对过去的财务分析主要是研究企业的财务状况和财务方面的能力，它的重要度相对低一些。而对项目未来财务效果的预测，主要是通过对项目的未来收益进行预测，看项目是否能够给投资者带来回报以及回报的多少，其重点是项目的预期收益。对企业的预期收益评价主要是预测投资的回报率，这也是风险投资家最关心的问题。对未来收益的预期通常有一个比较长的时间，鉴于风险投资的投资期限一般为3～7年，因此对项目未来收益的预测一般以5年为预测区间进行定量预测。

财务预测主要根据损益表、现金流量表、资产负债表，重点对投资资本需求、资本支出维持水平、计划资本支出、计划折旧与摊销时间表、资产寿命、融资需求等进行预测。内部收益率是进行财务评价的一个重要指标。考虑到新事业开发可能面临的各项风险，合理的投资回报率（ROI）应在25％以上。一般而言，15％

以下的投资回报率就不是一个值得考虑的新事业机会。

资金需求量较低的创业机会，一般比较受投资者的欢迎。事实上，许多个案显示，资本额过高其实并不利于创业成功，有时还会带来稀释投资回报率的负面效果。通常，越是知识密集的创业机会，对于资金的需求量越低，投资报酬反而会越高。因此，在创业开始时不要募集太多资金，最好通过盈余积累的方式来积累资金。

毛利率高的创业机会风险相对较低，也比较容易达到损益平衡。反之，毛利率低的创业机会风险则较高，遇到决策失误或市场发生较大变化的时候，企业很容易遭受损失。一般而言，理想的毛利率是40%。当毛利率低于20%的时候，这个创业机会就不再值得考虑。毛利率是毛利与销售收入（或营业收入）的百分比。其中，毛利是收入与收入相对应的营业成本之间的差额，用公式表示：毛利率＝毛利/营业收入×100%＝（营业收入－营业成本）/营业收入×100%。

3. 进行产品与技术评价

创业投资项目的产品与技术评价主要包括六个方面。

第一，产品的创新程度及独特性。产品的创新程度评价主要考察相对于原有产品的创新情况，看其功能是否有所增强、性能是否有所改善以及能否更好地满足用户需求。产品的独特性评价主要看产品是否具有独一无二的特点，市场上是否存在同类产品以及是否难以仿制。

第二，技术的先进性。技术的先进性可以用三个方面的指标来衡量，即技术功能指标、技术性能指标和技术消耗指标。技术功能指标是否先进直接决定着产品的功能水平。由于产品功能是通过技术功能实现的，顾客买的是功能、解决方案，因此一定要保证顾客获得先进的技术功能。技术性能指标是否先进主要表现为技术参数是否先进，是不是采用目前最领先的技术。技术消耗指标是否先进主要是指实现技术功能、技术性能的各类消耗水平。技术实现对消耗的要求可能很高，降低消耗就意味着节约成本，因此技术消耗指标的先进是技术先进的一个重要表现。

第三，技术的可靠性。技术的可靠性体现在核心技术的成熟性、技术整体的配套性、技术风险大小三个方面。核心技术的成熟性主要是看技术效果的稳定性和产品的均一性，以及核心技术是否经过工业性试验。技术整体的配套性主要是看一项工业生产中所用的所有技术是否配套。如果所有的技术都很先进，但是在共同使用过程中却不能协调配套，那么这样的技术组合就是失败的。技术的风险性是由于新思想与新技术本身的先天不足（技术不成熟、不完善）以及替代性新技术的出现时间短等原因所带来的风险。此外，还有制造技术和使用技术的不确定性所带来的风险。

第四，技术的成熟度。考察所采用技术的成熟程度，一般是审视拟用生产技术是否经过小试、中试的检验。通过这些检验，既可以评价相应技术的优异程度，也可以发现某些技术环节的缺陷。由于技术的成熟性决定着生产环节的技术风险大小，所以，新创企业只有使用成熟的生产技术去制造产品才可以避免创业之初的某些致命缺陷。

第五，拟用技术的规模经济性。新创企业要想在项目开始起步时就在市场上占得一席之地，并迅速成长起来，就必须考虑拟用技术的规模经济性。为此，要测算三个重要指标，即盈亏平衡产量、利润最大化的最佳产量和特定设计与设备条件下预期可能的产量。需要注意的是，如果预期实际产量达不到盈亏平衡产量，企业必然是亏损的；如果预期实际产量达不到最佳产量，那么企业将得不到最大化的利润。

第六，特定产品项目的投入要求和生产许可。一般而言，推动任何产品项目，创业者总需要投入一定量的生产资金、需要得到政府有关部门的生产许可。而在企业初创阶段，创业者往往缺乏资金。如果产品样品没有生产出来，则不可能得到政府有关部门的生产许可，初期创业者对此需要加以注意。

4. 选择营销方式、经营地点、网络关系

创业者要推动一项创业活动，在正确选择可进入的行业和起步项目的前提下，需要恰当地选择营销方式、经营地点和营销网络。

营销方式是行业特点、企业特点、产品特点、用户特点的函数，创业者需要根据本项目的具体特点选择恰当的营销方式。尽管很难对创业者提供放之四海而

皆准的营销方式，但有一种可行的方法是，运用管理学、营销学的基本原理与方法，认真分析新创企业的行业特点、企业特点、产品特点、用户特点，从降低产品的交易费用出发，来选择适当的产品营销方式。该交易费用一般包括促销费用、运输费用、销售服务费用、营销网点建设费用等。

新创企业必须有自己合法的经营地点。选择经营地点时一般需考虑以下几点：一是企业所在行业的特点及技术特点。一般来说，专业流通企业的区域选择应主要考虑同行聚集性及合理分布；生产企业的区域选择应注意考虑基于生产技术过程要求的就近配套原则和环境可控原则。二是不同地区的政策差异。由于不同地区的经济政策会有一定的差异，特别是企业审批、税收优惠和信贷优惠等方面，因此，创办新的企业时有必要对不同区域的政策进行调研、分析、比较，从而选择一个对自己更为有利的创业政策区域。三是不同地区的文化差异。新创企业所处区域的文化差异，也影响着新创企业的运行效率及创业成功的概率。对于新创企业而言，将企业设在创业文化浓厚的区域十分重要。四是不同地区的费用差异。创业企业选择经营地点时，还必须考虑特定区域的费用压力，包括商业用房用地费用差异、人力资源成本差异、企业配套设施运行费用差异、交通运输费用差异，以及企业承担的区域性社会负担差异等。五是企业对外联系与用户光顾的方便性。经营地点选择还必须考虑企业对外联系的方便性。六是对比多家、综合考虑。在特定条件下，前述某些要求之间可能是矛盾的，这就需要创业者能对比多家、综合考虑，以选择真正合适、满意的经营地点和场所。

一旦决定创业，就应注重建立必要的网络关系，即需要与未来的同行企业、配套企业、投资机构、用户等建立联系，需要与工商、税务、金融、科研、社团等机构建立联系。一般而言，这需要从企业的长期生存与发展实际出发，充分考虑外部组织与所创企业的紧密联系。有人曾断言，新创企业如不建立广泛的社会联系，则起步之初就会处处碰壁。特别是新创企业，往往资金短缺或资金周转慢，特别需要金融机构的支持；因起步之初缺乏较强的竞争能力和企业运营经验，希望得到政府机构的支持；因需要持续的技术支持，需要与科研机构形成密切的伙伴关系。因此，建立和维护与政府机构、金融机构、科研机构的密切关系，是新创企业建立网络关系的关键。

5. 进行风险评估并设计退出方式

第一，进行风险评估。在对创业投资项目进行风险评估时，需将定性分析与定量分析结合起来，通过系统而充分的考虑，定性分析出与项目有关的各种不确定因素及其概率分布，并在项目多方案比较和选择的不同条件下定量分析出与项目有关的各种因素的变化对项目投资效果产生的影响。在具体进行评价的时候，需要注意四点：一是以对技术和产品的评价为基础。重点分析风险企业核心技术的含金量有多少，是否具有完全的自主知识产权，技术和产品的持续发展能力。二是把对团队和管理的评价作为评估的关键。风险投资家"宁愿投资拥有一流人才、二流产品的企业，也不愿投资拥有二流人才、一流产品的企业"。因此，应重点分析企业成员的素质、核心技术人员的稳定性、团队与企业利益的关联度以及管理的开放性等。三是以获取高额回报为目标。应重点分析企业无形资产价值、企业核心资产价值、风险投资退出渠道、资本增长倍数与回报率。四是要特别注重对政策环境、人文环境等全方位风险因素的分析。

第二，设计退出方式。创业投资的目的不在于对被投资企业股份的占有和控制，而是在企业做大后将资产变现从而获取收益，因此退出方式是创业投资家在评估项目时考察的一个重要指标。对这一指标考察的重点是评估企业提出的退出依据是否可靠、最可能的退出方式及各种方式的可能性程度、合同条款中有无保护投资权益的财务条款及财产保全措施等。

6.3 文化传媒产业项目选择

6.3.1 文化传媒产业项目情况

传媒产业是文化产业中最具活力和影响力的产业类型之一。2004年我国统计局发布《文化及相关产业分类》，将文化产业分为核心层、外围层和相关层。而传媒产业既包括"文化产业核心层"中的新闻、书报刊、音像制品、电子出版物、广播、电视、电影,还包括"文化产业外围层"中的互联网、广告等。

根据文化产业的层次划分方法,人们也将传媒产业相应地划分为核心层、外围层和相关层。传媒产业核心层包括:文化产业核心层中的新闻服务、出版发行服务以及广播、电视、电影服务。其中,新闻服务主要指新闻业;出版发行服务包括:书、报、刊的出版、制作和发行,以及音像和电子出版物的出版、制作、复制、发行;广播、电视、电影服务包括广播电视服务、广播电视传输、电影服务。

传媒产业外围层指网络文化服务和广告等。由于手机电视等属于新兴事物、还未能充分发展成为一个产业,官方文件一般也将手机业务归于电信领域,因此在《文化及相关产业分类》中并未提到手机小说、电视等。在将来,如果手机的媒体功能被充分开发并形成产业,那么手机的文化服务也可归到传媒产业的外围层。

传媒产业相关层,指与传媒产业相关的产业。以米老鼠动画片的产业经营为例,从上游动画片的制作播出到下游音像制品、书籍、画册的出版,再到衍生的著作权的许可使用、主题游乐园开发、玩具生产等,形成了密切相关的产业链条。因此,传媒产业在不断衍生开发中与其他文化产业、甚至非文化产业相互交融,就会形成相关层,主要包括由传媒产业衍生而来的短信、冠名、销售、游乐园、玩具、游戏等。而这一领域是不断创新的。例如,创下票房纪录的电影《哈利·波特》在挖掘了各种衍生产品后,近期又推出了"哈利·波特魔幻之旅",以吸引游客到英国参观哈利波特的拍摄场景。

从西方国家的经验来看,传媒产业对整个文化产业的发展具有引领和示范作用。当今世界的传媒巨头在文化产业中具有举足轻重的地位,其产品在全球文化产业市场中占有相当大的份额。1998年,世界最大的传媒集团——时代华纳的销售额达到280亿美元;1999年排名第二的迪斯尼公司的销售额为234亿美元,排名第三的新闻集团的销售额为142.7亿美元,排名第四的贝塔斯曼集团的销售额为141.6亿美元。著名的投资银行——摩根士坦利"全球投资报告"对11种产业中的企业建成世界级大企业所需年限的统计分析表明,大众传媒所需年限仅为8年,其收益的实现远远快于医药、电力、能源等其他产业。可见,传媒产业具有高回报率的特性，是发达国家规模庞大、利润回报极为丰厚的产业部门之一。

在中国的文化产业发展历程中，传媒产业创造经济效益方面的优势也是一个不争的事实。统计资料显示，中国传媒业已成为继电子信息、制造业、烟草业之后位列第四的税利产业。2001年，全国广告经营单位已有78339户，从业人员70.9076万人，广告营业总额近795亿元。此外，中国电视媒体广告业发展迅速。作为电视传媒产业主要收入来源的广告收入，从1990年的5.6亿元猛增至2000年的200亿元，平均年增超过40%。中国传媒产业核心层包括报纸广告、电视广告、期刊广告、广播广告、广告公司、有线电视收费、图书出版、报纸发行、期刊发行、电影票房、音像制品、手机短信、上网费、游戏等14类。上述中国传媒产业核心层2004年产值规模约为3270亿元。

21世纪，文化竞争已经成为综合国力竞争的主要领域。特别是在以美国为代表的传媒经济发展趋势的影响下，世界各国、各地区都已经把文化发展战略变成了一种国家发展战略，尤其是那些决心加入到世界经济体系中来的国家更具有紧迫性。因此可以说，发展传媒产业，有意识地采取措施，使得文化发展与国家经济建设同步，已经成为一种潮流和趋势。

6.3.2 文化传媒产业特点

众所周知，传媒业是生产具有意识形态性质产品的产业。传媒业与一般的文化产业门类相比，具有相对垄断性、良好的增值性和独特的盈利模式等特点。

首先是具有相对垄断性。在一定时间、空间中，由于大众传媒的数量有限，因而通过竞争取得了优势的媒体会拥有数量庞大的受众；同时，传媒业往往会因受到相关政策的制约而形成政策垄断。

其次是具有良好的增值性。传媒向受众传递信息，具有成本低、速度快、影响广泛的特点，使其能够迅速形成规模效应和盈利。因此，传媒行业长期被称为"最后一个暴利行业"，图书出版、网络游戏等更是被社会公认为极大暴利行业。如上海盛大公司1999年靠50万元起家，到2004年市值就达到120亿元。

最后是独特的盈利模式。传媒业不是通过直接出售传媒产品获取主要受益，而是尽量扩大传播受众与范围，通过搭售广告的形式盈利。据估计，广告收入在传媒业整体收入的比重占四分之三强。

6.3.3 文化传媒产业项目选择应把握的主要原则

在文化传媒产业领域创业，需要把握以下原则：

1. 兼顾经济效益与社会效益

市场调节本身是有缺陷的。文化产品不仅仅是一种经济产品，同时还是社会产品，具有很强的社会价值属性，必须体现社会的主体价值标准。因此，文化产品的生产与一般的物质商品的生产不一样。文化生产的意义、商品价值、流通的动力和消费的需求是什么呢？就是他们所具有的精神内涵、价值内涵，就是他们所涵盖的知识素养、审美价值与思想内容。除去这些社会性内容，文化就会只剩下一个空壳，其经济价值也会消失殆尽。因此，文化产业在按照价值规律实现经济效益的同时，还必须兼顾社会效益并坚持社会效益第一的原则。创业者在进行文化投资和创业时，要遵循文化产业的这一基本运作规律。

2. 把握多种因素，有效规避风险

文化传媒产业是一个利润弹性大、风险相对较高的产业。因此，在进行投资时，要细致周密地考虑可能出现的市场风险、政策风险、技术风险，选择合适的投资项目。如对市场风险的规避，可考虑文化内容的多义性，把握投资项目的社会影响。文化的核心是一种价值理念，以及人在精神领域的创造活动。人群中可形成不同的价值理念，也就形成了不同的文化追求。文化投资的回报受社会评价的影响巨大。如果投资项目与主流意识形态发生矛盾，或者和大多数人的价值观念发生矛盾，就会引起消费者的强烈反感。这样的项目是不会有市场的。越是具有人类共性的文化内容，其市场也就越可观。这涉及创业者的文化眼光和市场判断问题。政策风险的规避需要密切关注文化产业领域的相关方针政策，避免出现与国家政策相悖的情况，尽量在国家政策允许和鼓励的范围内选择创业项目。文化传媒产业与新技术联系非常紧密，利用新技术进行文化产品的生产和传播是文化传媒产业高利润的源泉之一。但是，如果新技术尚未达到市场所要求的成熟程度，那么，对新技术的利用会导致成本的大量增加以及产品质量的不稳定与不确定。因此，选择技术成熟的项目可以降低风险。

第 7 章 大学生创新创业各项准备培养

创业需要具备创业意识、创业精神、创业知识、创业能力。对于在校大学生来说，上述这一切的前提是做好创业准备，即创业心理上的准备、创业知识与能力上的准备，以及具体创业工作的准备。只有做好了这几个方面的准备，一个人才具备了创业的品质；也只有做好了具体的创业工作的准备，也才能将创业项目进行下去。前两种准备属于长远准备，而第三种准备属于具体创业项目的准备。

7.1 做好创业心理准备

创业活动是由创业者主导的商业冒险活动。要成功创业，需要具备创业意识和创业精神。而创业意识与创业精神又取决于个人的心理品质。就是说，创业大学生在创业前必须培养创业心理品质、做好创业心理准备。

7.1.1 培养创业心理品质

成功的创业者必须具备积极进取、执著自信、意志顽强、勇于冒险等个性心理品质。

1. 影响创业心理品质形成的因素

创业心理品质的形成是一个长期、复杂的过程，是多种因素共同作用的结果。主要包括以下因素：

社会环境因素。高校处在社会大环境之中。社会环境的变化必然会影响到校园，进而引起大学生心理的变化。例如，新闻舆论对成功人士的大力宣传以及对追求财富价值观的引导，必将激发大学生的创业动机；政策环境、法律环境的完善，将会规范市场行为，进而会激发大学生创业的信心。

学校环境因素。学校环境也会对大学生创业心理品质产生影响。例如，在课程设置和教学内容方面，一些高校和教师只重视理论教学、专业教学，忽视创业教育和挫折教育；一些老师和学生对创业大学生，尤其是对创业暂时失败的大学生进行讽刺挖苦。这些都会影响大学生的创业心理品质。

家庭环境因素。不同的家庭环境以及父母与孩子不同的交往方式将会造就不同心理品质的孩子。首先，父母对子女的教育方式会产生影响。例如，家长如果管教严格、作风专制，那么就有可能使孩子缺乏冒险和创新精神。第二，父母的言行举止会对子女产生潜移默化的影响。如果父母只满足于生活现状、对工作缺乏进取心，那么培养的子女往往也会缺乏进取心。第三，父母的期望也会对子女创业心理品质产生影响。很多家长希望自己的子女找一份稳定的工作、过安稳的生活，担心创业存在风险，甚至对子女创业持反对态度。这往往容易扼杀其创业欲望，即使创业也往往放不开手脚。

大学生自身因素。大学生的创业心理品质在一定程度上也受其自身因素的影响。如有的学生从小就比较胆小，缺乏冒险创新意识和创业精神。后天如果不对这样的学生进行培养，就很难养成良好的创业心理品质。有的大学生过于关注自己的短处，喜欢拿自己的不足与别人比较，妄自菲薄，遇到挑战时往往缺乏自信。此外，还有不少学生贪图安逸、依赖父母、缺乏自立意识，经不起困难和挫折的挑战，在内心深处总有一种不安全感，对创业有一种畏惧情绪，创业欲望低。还有的学生对自己的期望值不高，缺乏进取精神，自然就难以产生强烈的创业欲望。

2. 培养创业心理品质的途径

良好的创业心理品质如同创业大厦的基石，它可以为大学生奠定事业基础、支撑创业人生。大学生创业心理品质固然会受到先天因素的影响，但也可以通过后天的培养来获得。因为大学生创业心理品质既受社会环境、学校环境、家庭环境等环境因素的影响，同时也与个人自身条件有关，因此，培养大学生创业心理品质的途径应从两方面着手。一方面是从社会、学校、家庭等方面进行，一方面是从大学生自身着手。就大学生自身而言，应当从以下几个方面来培养自己的创业心理品质：

通过心理暗示来培养。暗示对人的影响是潜在的，也是巨大的。在日常的学习与各项活动中，大学生自己要经常对自己进行正面的心理暗示。如经常暗示自己"我行"、"我能行"，多参加演讲或各类比赛活动，等等。通过这样的暗示来增强自信、增强创业的胆量和勇气。

通过榜样激励来培养。人们常说，"榜样的力量是无穷的"。事实确实如此。榜样是具体的、现实的、鲜活的，不是抽象的、虚无的，因而对人们来讲是可信的，能对人的心灵产生震撼。因此，大学生要多看一些励志图书、多学习成功人士以及其他同学的创业案例，以此来唤起自己的共鸣、激发成功的欲望和创业的欲望。

通过受挫磨砺来培养。人在成长过程中总会遇到各种各样的心理挫折。所谓心理挫折，是指一个人的某种目标无法实现、某一需要不能满足时所产生的一种消极感受式体验，主要表现为沮丧、失望、焦虑、愤懑等情绪体验。大学生在学习成长过程中同样会遇到各种心理挫折，而这正是提升自身心理品质的机会。为此，大学生应当注意以下几点：一是要始终铭记我国先哲孟子的一句话："天将降大任于斯人也，必先苦其心志，劳其筋骨，饿其体肤，空乏其身。"二是升华行为。就是让自己在遭受挫折后不怨天尤人，也不文过饰非，而是把沮丧、失望等消极情绪转化为激励自己奋发图强的动力，为实现更高层次的目标而努力。如考试没有考好，不是灰心、气馁，而是分析失败的原因，争取在另一次考试中考出好成绩。三是奋发努力。当自己的原来目标无法实现时，不是转移视线开脱自己，而是正视现实，主要分析自身原因，发挥自身优势，通过努力争取达到目标。比如，在绘画比赛中落选，要主动分析原因、找出不足，争取下次获得好成绩，而不是就此放弃。四是寻找补偿。在某方面可能或已经受到挫折时，不是消极回避或采取"鸵鸟政策"，而是努力在另一方面取得成绩。如，如果自己演讲能力差，可以发挥自己的绘画才能；如果自己的功课不好，可以发挥自己的组织才能、经营才能。这样可以提高自己的创业心理品质。

7.1.2 做好成功与失败两手准备

创业是一条艰辛、坎坷、崎岖之路，任何人都不会一帆风顺。其中，既有很多创业成功者，也有很多失败者，而且失败者人数甚至超过成功者。这就要求我们在创业前做好创业成功和失败的两手准备，尤其是失败的心理准备，做到胜不骄败不馁。

成功需要经验积累，包括失败的经验。只有在失败中不断前行，才有可能到达成功的彼岸。失败在人生中不可避免。一个人的目标越高，往往越容易遭受挫折乃至失败。对于那些真正懂得生活的人和乐观的人来说，往往能在每个挫折和危机中看到机遇，能够理性认识挫折，并从挫折中明确目标、坚定信念并汲取营养，从而生成知难而进的勇气和战胜挫折的意志。美国知名创业教练约翰·奈斯汉说："造就硅谷成功神话的秘密，就是失败。失败的结果或许令人难堪，但却是取之不尽的活教材，在失败过程中所积累的努力与经验，都是缔造下一次成功的宝贵基础"。

做好遭遇失败的心理准备，就必须磨炼坚强的意志。那么，如何炼自己的意志呢？一是下定决心做某一件事或做某种改变。为了下定决心，可以为自己的目标规定期限。玛吉·柯林斯是加州的一位教师，对如何使自己臃肿的身材瘦下来十分关心。后来她被选为一个市民组织的主席，便决定减肥6公斤。为此她购买了比自己的身材小两号的服装，要在3个月之后的年会上穿起来。由于坚持不懈，柯林斯终于如愿以偿。二是明确目标。决策做某一件事时不要说"我打算多进行一些体育锻炼"或"我计划多读一点书"等诸如此类的话，而应该具体、明确地表示"我打算每天早晨步行45分钟"、"我计划一周中一、三、五的晚上读一个小时的书"。三是刻意训练。早在1915年，心理学家博伊德·巴雷特曾经提出一套锻炼意志的方法。其中包括从椅子上起身和坐下30次、把一盒火柴全部倒出然后一根一根地装回盒子里等。他认为，这些练习可以增强意志力，以便日后面对更严重更困难的挑战。巴雷特的具体建议似乎有些过时，但他的思路却给人以启发。例如，你可以事先安排星期天上午要干的事情，并下决心不办好就不吃午饭。

做好创业失败的安排。没有准备就去打仗的战士注定会亡在战场，而且亡的很残酷。一位成功创业人士提醒后来者，创业失败的一定比成功的多，所以要在做好积极准备的同时，更重要的是要为失败做好准备。他说，他自己之所以能走过来，更多的是想如果失败了会怎么样。他甚至认为，如果你没有为失败做好准备，建议大家不要轻易去创业。为此，在创业准备阶段要认真考虑创业失败会带来什么、失去什么、下一步怎么办等诸如此类的问题。这样才能做到有备无患，在真正的失败来临时不至于措手不及。如果创业失败，应当从零做起继续创业，或转身找工作；重要的是别在乎别人的看法，继续沿着自己的梦想前行。

7.2 做好创业知识与能力准备

创业需要具备创业知识和创业能力。而创业知识与创业能力不是天生就有的，需要使用时也难以马上就能学到，必须从大学阶段就开始这方面的准备。那么，大学生如何做才能准备好创业知识与创业能力呢？

7.2.1 努力完成自身学业

大学时代是人生的黄金时代，是实现自我蜕变、明确人生定位的关键时期。就有创业意向的大学生来说，自身学业可能与将来的创业行业相关或一致，也可能不太一致甚至毫无关系。尽管如此，大学生在上学期间也要努力学习专业知识，力争顺利完成学业，从而为将来的创业实践打下坚实基础。因为，像比尔·盖茨那样退学创业并取得巨大成功的人毕竟少之又少。更何况我国目前还是一个"认证不认人"的时代，大学毕业证是一个人学识、能力的重要凭证。因此，完成自身学业是做好创业准备的基础和前提，尤其是准备在文化产业领域创业的传媒与艺术类大学生更应如此。

7.2.2 学习创业知识

创业实践证明，良好的知识结构对于成功创业具有决定性作用。创业者不仅要具备必要的专业知识，更要掌握管理学、文学、艺术、哲学、经济学、社会学、心理学、法学等综合性的知识。因此，在大学时代多学习科学文化知识，对将来创业大有裨益。创业知识的内涵十分丰富，这里主要指与经营有关的知识，主要包括经营管理知识、营销知识、财务知识、法律知识等。如果对自己的生涯规划十分清楚、创业的信念十分坚定，也可以在课程之外学习同自己将来创业领域有关的专业知识。这些知识已在第三章进行介绍。为准备这些知识，在校大学生除学习本书内容以外，还可进一步涉猎相关书籍，以深入了解和掌握相关内容。

还有一种需要准备的知识是专业知识。这里的专业知识是指同毕业后创业领域相关的专业知识。它可能与在校所学专业相同或一致，也可能不一致甚至毫不相关。例如，对于艺术传媒类专业学生而言，如果未来在艺术传媒领域创业，那所学的专业知识与未来创业所需要的专业知识基本上是一致的。由此可见，要准备专业知识，可通过两种途径：一种是在未来创业时力争在所学专业领域创业；另一种是根据职业生涯规划，计划好未来的创业领域并据此自学相关专业知识。

7.2.3 不断提升创业能力

成功的创业者身上有许多特质，其中的一个重要方面就是创业能力。创业能力是一种多方面的综合能力，与创业的成败直接相关。创业能力包括学习能力、应变能力、沟通能力、经营管理能力、策划能力、自我控制能力、抗击风险能力等。大学生创业应着重培养和提高以下三个方面的创业能力。一是提高开拓创新能力。开拓创新能力是成功创业者最重要的能力之一。开拓创新是创业的灵魂和赢得竞争优势的关键。一个优秀的创业者必须勇于开拓、敢于创新。为此，在日常的学习工作中，无论遇到何种困难，都决不轻言放弃，而是想方设法去克服困难、完成任务，以此来培养自己开拓创新的勇气和毅力。二是提高组织管理能力。在市场经济条件下，市场充满了竞争和风险，创业者要使自己的创业实践活动获得成功，必须重视经营管理能力。为此，在校时应多参加社团活动、集体活动，并在其中尽可能多地承担一些组织协调工作，以此来提升自己的管理水平。三是提高人际沟通协调能力。要想创业成功，大学生还需要培养自己的人际沟通交流能力。因为包括创业在内的任何活动都离不开人与人之间的交往。因此，大学生在校期间要有意识地培养与他人的协作能力、沟通能力。为此，在校时应利用各种机会（如班务会、演讲比赛、宿舍"卧谈会"等）锻炼自己的语言表达能力；学习沟通技巧；学习尊重别人，等等。

7.2.4 积累创业经验

失败是成功之母。大学生创业者拥有年轻的优势，因此，他们更应该能够承受得起失败的冲击；也只有战胜挫折，大学生创业者才能找到自己立足的方向。要做好准备，积累创业经验是一个重要方面。

一是利用大学社团得到实践锻炼。学校社团的任何一项活动，从策划到最后实现是个综合过程。参与全局，体验全局，可锻炼组织、协作、资源利用等能力。这是锻炼自身综合能力的最基本的途径。

二是利用大学课余时间和寒暑假打工。现在，社会留给学生的打工机会很多。利用打工可充分锻炼自己的综合能力。市场调研、销售、组织、人力资源管理、财务管理、物流管理等各方面能力都可以在打工的过程中或多或少地得到锻炼。加上相关书籍的对照学习，积累经验是完全可能的。大学生打工时的实际工作往往都是一些烦琐的或者重复性强的工作，但不能小看这些工作。例如销售工作，在此过程中，大学生可以观察消费者的消费能力、消费观念、对公司产品及市场相关产品的评价等，由此掌握市场消息、预测市场需求、洞察市场空白。如果担任市场销售的学生团队领导，还可以借机向公司相关销售人员讨教经验、申请到生产现场进行参观等。如果担任学生领导，可以发挥团队协作能力，带领学生超额完成任务，从而积累人员管理、物流管理、财务管理等方面的实践基础经验。毕业以后如果从事相关项目的创业，在市场方面便有了对照和参考。在其他内容的打工实践中，同样可通过简单的工作综合积累相关经验。

三是参与学校的科研项目获取实践经验。参与学校科研项目的同学，有更多接触项目导师的机会。项目导师跟社会的接触往往很紧密，在导师那里能学到很多实践经验。通过参与科研项目，还能通过实验充分锻炼动手能力、找出创业金点子、锻炼策划能力。

四是毕业后在企业加以实际锻炼。企业就是一个实际创业团队。在这个团队里，锻炼能力、积累经验都是可取的。但要在企业里独立创业，还需要善于发现全新的创业点子，或在所在企业市场空白处找到创业契机，或自己组建的团队高于所在企业的团队，这样才会有成功的把握。

7.2.5 做一个有心人

大学生创业准备，重要的是要做一个有心人，随时发现创业机会、抓住创业机遇、选择创业项目。叶红伟大学毕业后虽然已工作三年，但他内心里还是想自己创业，却一直苦于没有合适的项目。有一次回老家，他发现小摊上的年糕胖特别好销，于是就萌生了办一个年糕胖加工厂的念头。通过市场调查和上百次的试验后，他终于做成了机炒年糕胖，而且销售情况很是乐观。可以说，正是叶红伟的有心才使创业走上了成功之路。对大学生来讲，到底应该如何选择自己的创业之路？叶红伟的创业经历告诉我们，大学生创业除了要有务实的心态并脚踏实地地付出艰苦劳动以外，还要成为一名创业的有心人。大街小巷卖年糕胖的小摊有很多，而且吃过年糕胖的大学毕业生更不在少数，为什么只有他想到了办一个机炒年糕胖的加工厂而其他人没有想到呢？关键还是要做一个有心人。

7.3 制定创业计划

从一个创业过程来讲,当选择了创业项目以后,就要考虑制定创业计划,或叫创业计划书。这是实际创业过程的重要阶段。没有这个阶段,创业活动就会迷失方向,有可能会走很多弯路甚至会失败。那么,什么是创业计划?它都包括哪些内容?怎样制定创业计划?制定创业计划应当遵循什么原则?

7.3.1 创业计划的含义

创业计划也称商业计划,或称创业计划书。它是由创业者拟订的一份书面计划,用以描述新企业的外部要素及内部要素。它是一份全方位的创业项目计划,是从企业内部人员、制度、管理到企业产品、营销、市场等各个方面对一个创业项目所进行的可行性分析。

创业计划是创业者在创业初期筹资的一项重要活动,也是一种重要手段。它是对拟建企业进行宣传和包装的文件,它向风险投资商、银行、客户和供应商宣传企业及其经营方式,同时又为企业未来的经营管理提供必要的分析基础和衡量标准。

创业计划既是一份吸引投资者投资的宣传书,同时也是一种业务构思的文本文件,更是创业以后指导公司运作的指导书。一个酝酿中的项目往往很模糊,通过制订创业项目计划书而考虑正反两方面的理由,然后再逐条推敲,这样就能对这一项目有更清晰的认识。可以这样说,创业计划首先是把计划中要创立的企业推销给了创业者自己。因此,创业计划对创业者、潜在的投资者,甚至是新员工的招聘都很有价值。他们通过创业计划来熟悉这个新企业并了解它今后的发展目标。因此,创业计划是整个创业过程的灵魂。

编制创业计划主要考虑六个方面的问题。一是关注产品。创业计划书中应提供所有同企业产品或服务有关的细节。这些问题包括:产品正处于什么样的发展阶段?它的独特性怎样?企业分销产品的方法是什么?谁会使用企业的产品,为什么？产品的生产成本是多少，售价是多少？企业发展新的现代化产品的计划是什么？这样出资者就会和创业者一样对产品产生兴趣。创业计划书对产品的阐述要让出资者感到："噢，这种产品是多么美妙、多么令人鼓舞啊！"二是分析竞争对手。竞争对手都是谁？他们的产品是如何工作的？竞争对手的产品与本企业的产品相比，有哪些相同点和不同点？竞争对手所采用的营销策略是什么？每个竞争者的销售额、毛利润、收入以及市场份额是多少？在此基础上再讨论本企业相对于每个竞争者所具有的竞争优势。要向投资者展示，顾客偏爱本企业的原因是：本企业的产品质量好、送货迅速、定位适中、价格合适等。三是了解市场。创业计划书要对目标市场进行深入分析，细致分析经济、地理、职业以及心理等因素对消费者选择购买本企业产品这一行为的影响及其作用。四是表明行动的方针。创业计划书中应该明确下列问题：企业如何把产品推向市场？如何设计生产线，如何组装产品？企业生产需要哪些原料？企业拥有哪些生产资源，还需要什么生产资源？生产和设备的成本是多少？企业是买设备还是租设备？解释与产品组装、储存以及发送有关的固定成本和变动成本的情况。简述公司销售策略。五是展示管理队伍。在创业计划书中，应描述一下整个管理队伍及其职责，然后再分别介绍每位管理人员的特殊才能、特点和造诣，细致描述每个管理者将对公司所做的贡献。创业计划书中还应明确管理目标以及组织机构图和管理人员的配置。六是出色的计划摘要。计划摘要从计划中摘录出与筹集资金最相关的细节，包括公司内部的基本情况、公司的能力以及局限性、公司的竞争对手、营销和财务战略、公司的管理队伍等。这是一种简明而生动的概括。如果公司是一本书，它就像是这本书的封面，做得好就可以把投资者吸引住。

7.3.2 创业计划书的内容

创业计划书所体现的是创业者及其经营团队的创业理念和创业目标，表明了企业的发展方向和产品或服务的市场潜力。创业计划书汇集了整个经营团队的思想和智慧，它的内容一般包括以下几个方面：

1. **封面**

封面包括创办企业的名称、地址、性质以及创办者姓名、电话等。封面是客户或投资者最先接触到的，因此要从审美和艺术的角度去设计，力求达到最佳的视觉效果。好的封面会使阅读者产生亲近感，使之有兴趣继续看下去。

2. 摘要

摘要是创业者为了吸引创业战略伙伴或投资者的注意，把创业计划的核心内容加以提炼，放在计划书最前面的部分。它浓缩了整个创业计划书的精华，是阅读者了解整个计划书最直接的部分。它必须涵盖计划的全部要点，内容上要简洁、一目了然，以便使阅读者在短时间内就能对后面的内容有一个大致了解。摘要一般包括市场环境、企业介绍、产品介绍、营销计划、工作与管理计划、财务计划等内容。

大学生创业计划书的摘要内容应有鲜明特点。如在介绍企业时，首先要介绍创办企业的思路、思想等，要让阅读者感受到大学生创业的独特之处；要通过市场的调查，说明企业产品或服务的市场价值及潜在市场，并结合现有市场产品或服务的市场环境、用自己的创新思想使阅读者对你的产品和服务产生兴趣。

3. 市场环境

这部分主要明确产品或服务市场的现有情况及态势，详细分析说明竞争对手的情况以及顾客、供应商的特征等。

市场情况。主要是通过对目标市场的调查，明确这一市场的规模、增长趋势和特点。它决定了新创企业在这一市场是否有足够大的发展空间、是否会吸引其他企业大批加入进而导致竞争加剧等。在分析说明市场环境时，要充分体现大学生对市场调查结果的综合运用，不但要分析调查数据，而且还要从数据中分析出自己企业的潜在优势，让数据为企业服务。

竞争情况。从竞争对手的现状，包括数量、构成等数据，来说明新创企业在这一行立足的可能性以及通过何种途径闯出立足之地，分析自己的优劣势分别在哪里、如何保持优势和弥补劣势、保持优势的资本是什么等。

顾客分析。即确定企业产品或服务的目标市场顾客，分析企业的产品或服务会被哪些人接受、这些人的数量有多大、潜在的消费群有多大。这些分析将为企业制订营销计划提供依据。

供应商分析。这里的供应商是指与新创企业有联系的关系单位或长期合作单位。要对其进行实例、信用、价格等方面的评估，在此基础上选择合适的供应商。

4. 企业介绍

企业介绍主要包括企业的理念和宗旨、企业的基本情况、经营团队介绍等。

企业的理念和宗旨：企业的理念指体现企业自身个性特征并反映企业经营思想的价值体系。它是创办企业的出发点和归宿，是一个企业的软实力。它由企业使命（宗旨）、经营思想和行为准则三部分构成。

企业的基本情况。企业的基本情况包括企业名称、成立时间、注册地点、经营场所、公司法人代表、注册资本、资本结构等内容。此外，还应重点介绍企业未来发展的详细计划、企业所要达到的预期目标、企业发展不同阶段可能出现的情况等。这些内容可以使阅读者对成立后的企业有个基本了解。

经营团队。计划书要写明团队的构成（包括成员的年龄、学历、经历、业绩和专业特长等）、各自所承担的任务、每个成员对自己的客观评价、如何弥补团队中可能存在的不足等问题。对团队成员的介绍一定要真实、客观，特别要突出各成员在前期市场调查中所做出的成绩，以表明个人和团队的工作能力。创业者的素质和技能是投资者评价创业计划的一个重要内容。因为创业者及其团队是新创企业能否在市场竞争中生存的关键。

5. 产品介绍

产品介绍是指对产品概况、产品竞争力和市场背景、产品研发过程、产品成本分析、产品品牌和专利的介绍等。产品说明准确、通俗易懂，可以附上样品或相关照片。产品介绍是创业计划书中必不可少的一项内容。

产品概况包括产品的概念、性能、特性、用途及其先进性和独特性等。产品的竞争力和市场前景是指该产品与同类产品相比较的优缺点，以及消费者选择使用这种产品的可能性、这种产品的空间大小。产品的研发过程，主要介绍企业的研发成果和成果的先进性，是否通过有资质的机构鉴定，是否参与制定产品的行业标准、质检标准，是否获得有关部门或机构的奖励，是否采用先进方式改进产品的质量和性能等。产品成本分析是指研发费用、设备购置成本、开发人薪资成本以及每件产品的实际成本等。产品的品牌和专利，如企业为保护自己的产品采取了何种保护措施，产品拥有哪些专利、许可证，或者与已申请专利的厂家签订了哪些协议等。

6. 营销计划

营销计划是指为实现营销目标而采取的策略与措施的明确规定和详细说明。为了实现企业的使命与目标，必须以战略规划为指导，制定出市场营销计划。

营销是企业最富挑战性的环节。它是在对市场进行全面分析的情况下完成的。在对市场进行分析时，应重点把握企业及其产品或服务的优势和劣势，明确所存在的风险及在市场上获取成功的机会。在此基础上，还要考虑如何发掘优势、克服劣势、把握机会、规避风险。对于新创企业来说，由于其产品或服务的知名度低，因而很难进入已经稳定成熟的其他企业的销售渠道中去。这时，企业可以根据自身产品或服务的特点及优势，展开适当的广告宣传及免费试用等营销活动，给企业开发出新的销售渠道。

由于大学生缺乏实际经验，所以制订营销计划可以说是难度最大的一个环节。根据这一特点，创业初期可根据实际需要聘请有经验的营销人才为企业产品或服务的营销宣传出谋划策，为企业的宣传形式和营销手段想新办法、找新出路，进而取得最优产品营销方案。

7. 工作与管理计划

工作计划是指企业进行正常生产或提供服务的预先安排。随着社会的发展，现代企业的工作过程也发生着不同的变化，很多新形式应运而生。如在产品生产行业，越来越多的企业已将生产过程中的某些阶段和零部件的生产承包出去，通过合同而建立起一种网络生产的关系，使一件产品的生产经过了不同的生产环节。这样在保证质量的同时，既降低了成本又提高了生产效率。服务行业中的"一条龙"服务越来越普遍。作为其中的一个环节，提供服务的新创企业在经营过程中更需注重和加强新创企业的社会声誉、实力及合同履行情况等工作。创业计划书应对此有所反映。

管理计划是对企业管理工作所进行的阶段安排。一般来说，它主要包括以下内容：第一，在明确企业生产目的之后，将各部门的职权划分及负责人的基本情况通过一定方式（如组织结构图）描绘出来，并表明其相互关系。应尽可能明确研发、生产、营销、财务等职能部门的划分及其职权与职责。第二，规定企业组织制度和企业文化。通过制度和企业文化，可以规范企业员工的行为，明确相互之间的分工合作关系。第三，明确企业人力资源管理及其发展计划。人力资源是企业的生存之本。企业要为人才提供良好的发展空间，为其能力的发挥提供广阔舞台，为其进一步深造提供机会。这一切都要在计划书中体现出来，既要为吸引优秀人才打下坚实的基础，又要为留住优秀人才做好充分的准备。

8. 财务计划

财务计划是以货币形式预计计划期内资金的取得与运用、各项经营及财务成果的书面文件。它是创业计划书中最为重要的部分，是进行财务管理、财务监督的主要依据。财务计划是一项较为复杂的综合性工作，需要花费大量的时间和精力进行具体分析，包括现金流量表、资产负债表以及损益表等。财务计划可以使企业目标具体化，对企业未来的财务状况做出分析与预测，并提供足够的证据对所做的计划和分析予以支持。另外，还可以约束和控制企业的财务行为或作为评判企业各部门工作业绩的标准和依据。

一般来说，财务计划包括以下内容：第一，成本项目构成及预测。对大学生来说，预测成本不是一件容易的事。最好的办法就是参照同类企业的成本，再根据自己企业的实际情况计算。第二，预测现金流量计划表。现金流量计划是以收付实现制为原则，综合反映一定期间企业现金流入、流出和结余情况的一种财务计划。预测现金流量表，搞好资金调度，可以最大限度地提高资金使用效率、避免出现现金短缺的状况。还可以使潜在投资人据此评价新创企业或拟投资项目未来的现金生成能力、偿还债务能力、支付投资报酬的能力。

7.3.3 编制创业计划书的主要步骤

一般来讲，编制创业计划书主要有以下步骤：

1. 进行市场调查

市场调查是制定创业计划的重要环节。市场调查过程是收集和分析市场信息的过程。通过市场调查，创业者可以把握创业机遇、选择创业项目。在此基础上，创业者可以再通过进一步的市场调查而了解到诸如行业特点、市场供求、行业竞争、市场容量、增长潜力等重要情况，为编制创业计划提供必要的资料和依据，也为企业今后的发展奠定基础。

2. 进行创业构思

在市场调查的基础上，创业者进行创业构思。主要思考如下问题：

分析市场机遇。通过市场调查和项目分析，首先了解现有市场中的问题，然后考虑如何利用市场机会来解决这个问题，包括思考潜在顾客有多少、销售额有多大、如何来创造这些销售额、如何把潜在顾客变成企业的忠诚顾客、企业的首批顾客有哪些、首批销售额有多大、市场开发潜力有多大等问题。

构思产品与服务。分析市场机遇后，就要考虑用何种产品或服务来满足顾客群体的需要，以此来帮助真正的顾客解决他们面临的实际问题。与此同时，要大致确定如何销售产品或如何推销服务，要确定企业的利润来源。

确定竞争对手和竞争策略。确定产品或服务以后，要进一步明确竞争对手是谁。在此基础上，要清楚地了解竞争对手的情况并比较自己与竞争对手的优势和劣势，以便为下一阶段的具体构思做准备。比如，同竞争对手相比，你的产品或服务在生产成本、使用价值、外观设计、技术创新、同类产品兼容、人性化方面等有何长处，凭什么可以与之相竞争。

构思经营团队并进行明确分工。编制创业计划之前，创业者要考虑组建一个包括技术人才和管理人才在内的具有综合性技能的团队，并根据团队建设需要以及个人特长进行具体分工，考虑每个人承担的具体角色及其在该方面已经具有的背景。

构思创业模式。经过前面的分析思考，创业者应当在头脑中勾画出一种创业模式，包括行业的选择、创业组织形式的确定、创业方式的确定等方面，从而为起草创业计划书奠定基础。

进行咨询论证。这是编制创业计划书的一个非常重要的步骤。对于涉世未深的大学生来说，听取各方面人士的建议和忠告百益而无一害。即使有些建议最终没有派上用场，但至少也会给企业的创立带来有益的启示。

3. 起草方案

起草方案时,应首先对创业计划有个整体认识,然后再分别对各部分进行细致介绍。该阶段大致包括如下工作:

介绍市场目标和策划方案。这是创业计划的开篇部分。这一部分要对自己产品或服务所要达到的市场目标和实施过程提出具体、完善的方案。这部分内容应该是在对顾客和竞争对手情况认真调查基础上得到的客观结果,而不是为了获得更多关注、更多投资而杜撰出来的。起草时,要用尽可能简洁准确的语言对目标和策略等问题进行细致、透彻的分析,同时要用发展的眼光分析市场机遇、阐述抓住这种机遇能获得的回报以及具体的实施细节。总而言之,要用朴实的文字说明真实的内容,尽量用数字说明目标市场的潜力,用事实说明该产品或服务的市场。

介绍经营团队。这一部分要介绍经营团队,并重点说明团队创办该企业的信心和能力、各成员的专业技能与有关背景等。在介绍经营团队时,一定要突出团队的精神。大学生具有较多的文化知识,但缺乏的是精诚合作的精神。一般的投资者看重的并不是创意,而是操作这种创意的人,也就是经营团队的质量。

介绍财务情况。创业初期的财务工作主要是进行全面的财务预算,并且要说明所基于的假设条件。此时,要通盘考虑进行创业所需要的具体的投资内容,并根据企业产品或服务的具体项目对成本控制、流动资金等各个具体问题进行阐述。

进行风险评估总结。在创业计划书中,创业者要对企业成立后所面临的关键性风险进行评估并提出具体的化解思路,对可能面临的困难也要有明确的认识并提出解决办法,对创业计划的不足之足提出应对之策。创业者要力求做到:有风险,想办法化解;有缺憾,想办法弥补。

4. 进行检查修饰

首先,根据方案,把最主要的内容做成一个摘要,放在前面。

其次,检查整个方案并对整个方案的文字进行认真推敲,千万不要有错别字、语句错误或不通顺之类的错误,否则别人会怀疑你做事的严谨性、甚至使人产生歧义。

最后,设计一个漂亮的封面,编写目录与页码,然后打印、装订成册。

5. 送专家或成功人士审核

大学生创业，最欠缺的就是经验和阅历。因此，编写好创业计划书后，应该请专家或企业家检查一遍，看看是否适合创业、能否令投资者满意、能否争取到投资者的资金。

7.3.4 编制创业计划书应当遵循的主要原则

编制创业计划书应当遵循如下原则：

1. 整体性原则

在制定创业计划时，要有大局观念，从整体出发。同时要能够把总体目标一步一步分解，落实到创业实践的每一个环节和每一名责任人。尤其是要考虑各环节之间的衔接，确保不将上一环节出现的问题带进下一个环节。例如，在创业初期，要让产品能够迅速地被消费者接受并树立自己的品牌形象，只考虑依靠促销、降价是远远不够的，还要考虑如何用最短的时间提高产品的知名度。

2. 重点性原则

制定创业计划必须明确工作重心、抓住主要矛盾，以便把有限的人力、物力和财力优先用于解决最关键、最迫切的问题上。好的创业设计给读者的印象肯定是意思表达明确，文章脉络清晰，少有语义表达含糊不清的现象。因此，创业计划应突出读者所关心的议题，并对其进行直接、明确的阐述。

此外，还要考虑不同创业阶段的工作重点，因为在不同阶段的创业目标的侧重点是有所不同的。需要指出的是，创业计划的确定是一个动态的过程，要根据创业者个人或团队的内在条件和外部环境的不断变化而不断修正。

3. 科学性原则

制订计划的科学性原则具体体现在以下方面：

一是制订计划必须经过调查研究，把计划建立在真实数据的基础上。编制创业计划的各种活动，基本上都是建立在调查研究的基础之上。因此，没有调查，就没有真实可靠的数据支撑，更不可能有科学合理的创业计划。要遵循科学性原则，要求编制创业计划时先进行调查研究，包括市场调查、产品或服务调查、竞争对手调查等。

二是创业计划书的内容必须准确完整。创业计划书要全面反映创业涉及的各种问题,不能挂一漏万、错误百出;上述八个部分的内容尽管可以进行不同归纳但一定要完整。

三是计划内容必须经过咨询论证。一个人的经验毕竟有限,因而一个人构思的创业计划很可能不太完美、甚至存在错误,有必要咨询同学、老师、行业专家乃至成功企业家。这样才能确保制定创业计划工作的科学性。

4. 可行性原则

可行性原则与科学性原则是一个问题的两个方面,二者是辨证的统一。可行性原则要求,计划制定必须符合客观实际,在可预期的范围内经过努力能够实现。这样就会使责任人既充满信心又不敢掉以轻心。只有这样的计划才具有可行性和激发力,才具有实际意义。

除以上原则外,在编制创业计划时还应遵循写作风格统一、书写严谨周密。

第 8 章　创业企业经营管理

对于创业企业而言，经营管理尤为重要。许多企业往往在创办初期有着非常显著的优势资源，并且依赖这些优势资源也取得了最初的辉煌和胜利。然而，随着企业的发展和市场环境的变化，一些创业企业有时会黯然退出市场，原因在于这些企业的管理者不懂得企业的经营管理所致。企业经营管理的内容十分广泛，在此只就创业企业团队管理、营销管理、财务管理这三方面加以论述。

8.1 创业企业团队管理

一支优秀的团队是创业成功的基础。许多创业团队最初往往是激情创业，几个志同道合的朋友凭着创业的激情和热情走到一起，开始奋斗拼搏。然而，创业企业要想获得长期的发展，必须建立角色完整、职权划分合理的创业团队。许多创业者之所以遭受失败厄运，最主要的原因在于他们缺少一支优秀的创业团队。

8.1.1 成功的创业团队应当具备的特征

成功的创业团队必须是一个有机的整体。其内部既分工科学、各司其职又互相配合。这个整体在创业道路上发挥的是"1+1＞2"的效应。携程计算机技术（上海）有限公司总裁季琦告诉青年创业者，"携程网"的成功，除了抓住了当初互联网快速发展的契机以外,关键是有一个良好的创业团队。"携程网"的团队成员来自美国 Oracle 公司、德意志银行和上海旅行社等,是技术、管理、金融运作、旅游的完美组合。大家在一起创业,可以分享各自的知识和经验,同时也避免了很多创业"雷区"。

成功的创业团队应具备以下十个特征:互补性:互补性强的团队才是完善的、有强大的战斗力的团队;成员优势明显:有本行业各领域的专业人士;形成核心:每个团队必有一个灵魂或领军人物,否则就会分散力量;基于共同理念:团队是一体的,成员能够同甘共苦,有强大的凝聚力;责任明确:团队既强调个人责任也强调集体责任,既有共同责任也有明确的分工;团队利益第一:个人利益建立在团队利益之上,每一位成员的价值都表现在对于团队整体价值的贡献上;坚守经营原则:坚守顾客第一、质量至上、保障安全、诚信无欺等原则;目标清晰:目标非常具体,不但规定了具体的任务,也规定了任务完成的时间;彼此信任:缺乏信任会引起内耗、掣肘,团队必然消亡;合理的股权分配:股权分配不一定均等但一定要合理、透明与公开,创始人的股权只要与他们创造的价值相匹配就为合理。

一个优秀的创业团队必须包括以下几种人:一个创新意识非常强的领军人物,他是公司的战略决策者,他决定公司的未来发展方向;一个策划能力非常强的人,他能全面周到地分析整个公司面临的机遇和风险,考虑资本、投资、收益的来源和预期收益,制定公司的管理章程、长远规划;一个执行能力非常强的人,负责联系客户、接触终端消费者、拓展市场、打通渠道等;一个技术能力过硬的人,他是科研高手,能直接决定产品或服务的核心竞争力;一个懂财务的人,他掌握了必要的财会、审计、法律知识并能妥善处理以上问题;一个懂法的人,他能掌握基本的法律法规或行业特性下的专业法律背景知识。

上述创业团队建设应视公司的创办规模、长短期目标、行业特点等相关因素而定。对于不绝对影响企业前期发展和快速成长的人力资源部分,可实行部分外包或兼任。创业团队人力资源建设,应着眼于前期成本控制条件下的全能型或复合型人才的整合。

8.1.2 创业团队组建及其需要注意的问题

创业团队的组建要符合人力资源管理的原则。在团队成员组成上，要注重职能机构的完整性而且要避免重复，否则易导致人力资源短缺；在成员的分工与管理上，既要权责分明又要充满竞争，否则易导致人浮于事；在团队制度的建设上，既要严格又要充分激励，否则易导致士气低落。如果以上三点不完善，最终必将导致企业解体或者失败。所以，创业企业在人力资源的组织、职责的划分、岗位的设计、利益的分配上都需要有科学的规划。

从一个完整的过程来说，创业团队的组建过程分为五个步骤：确定创业目标→制定创业计划→招募合适人选→职权划分→构建管理制度。这五个步骤的实施过程，也是团队调整融合的过程。如果前两个步骤已经完成，也可以说团队组建只有三个步骤。

在创业企业团队组建方面，要注意克服如下问题：

一是盲目照搬别人的组建模式。创业团队的组建基本可以分成三种模式：关系驱动、要素驱动和价值驱动。关系驱动是指由以创业领导者为核心的人际关系圈来构建团队。他们因为经验、友谊和共同兴趣而结成合作伙伴，发现商业机会后共同创业。要素驱动是指创业团队成员分别贡献创业所需的创意、资源和操作技能等要素，并以此来组建团队。由于这些要素互补，因而团队成员之间处于相对平等的地位。价值驱动是指创业成员将创业视为一种实现自我价值的手段，他们的使命感很强，成功的冲动也很强。不同的组建模式适用的条件不尽相同。如果盲目照搬照套某种组建模式，会给企业带来巨大风险。因此，创业者要根据自身的资源和条件来匹配相应的组建模式。

二是团队成员不足及选择时带有偶然性。创业团队是要将个体的力量整合为集聚的前进力，并保持这种力量的方向感和持久度。但是，在组建初期，由于规模、成本及人数的限制，创业团队在成员选择方面不会过于充分，选择性也会相对偶然，所以不可能具备足够的成员角色，或在团队中承担某种角色的人过多。这些会引发各种矛盾，构成整个创业团队组建时期的先天性风险。

三是缺乏明确和一致的团队目标。杰出团队的显著特征是具有共同的愿景与目标。在创业初期,创业团队的目标有时难以十分清晰、明确。随着时间的推进及市场条件的变化,成员会逐步发现目标和现实之间存在的差距或是个人目标与组织目标之间的差异越来越大,那么团队的运行风险会急速增加。

四是激励机制、尤其是分配方式不完善。如果缺乏有效的激励,团队或者组织的生命就难以长久。团队矛盾的背后必然存在利益的纷争。初创团队在这一点上有时显得更加明显。由于企业前途未卜,因而各成员在创业企业中的作用和贡献无法准确衡量。如果团队无法给出一个明确、合理并且兼顾效率与公平的分配方案,那么团队在利润分配时就会出现争议。这将诱发团队潜在的风险。

8.1.3 有效管理创业团队的基础

要对一个团队进行有效管理,必须建立在一定的基础之上。这个基础主要包括以下三个方面:

1. 有确定清晰的创业目标

创业团队在实践中要不断总结经验教训、形成一致的创业思路、勾画出共同的目标,以此作为团队努力的方向。创业团队的目标必须清晰明确,能够集中体现团队成员的共同利益,与团队成员的价值趋向一致,并保证所有团队成员都能正确理解。这样,才能发挥其激励团队成员的作用。此外,创业团队的目标还必须切实可行,既不应太高也不应太低,而且能够随着环境和组织的变化及时加以更新和调整。

2. 有合理的团队成员构成和相同的企业价值观

建立优势互补的创业团队是保持创业企业稳定的关键,也是规避和降低团队组建模式风险的有效手段。在团队创建初期,人数不宜过多,能满足基本需求即可。在成员选择上,要综合考虑成员在能力和技术上的互补性,基本保证团队整体具备理想团队所需角色。

此外,在选择成员时还要考虑创业激情的影响。在企业初创期,所有成员每天都需要超负荷工作。这时,如果缺乏创业激情和对事业的信心,不管其专业水平多高,都可能成为团队中的消极因素,并对其他成员产生致命的负面影响。

3. 建立有效的激励机制

正确判断团队成员的需求是有效激励的前提。有些成员将物质追求放在第一位，而有些成员则是希望能够获得荣誉、发展机会或提高能力等。因此，创业团队的领导者必须加强与团队成员的交流，并针对各成员的情况采取合理的激励措施。

创业团队的利润分配体系必须体现出个人贡献价值的差异，而且要以团队成员在整个创业过程中的表现为依据，而不仅是某一阶段的业绩。具体分配方式要具有灵活性，既包括诸如股权、工资、奖金等物质利益，也包括个人成长机会和相关技能培训等内容，并且要根据团队成员的期望进行适时调整。

8.2 创业企业营销管理

创业初期，销售是最重要的任务。在这时，为了把顾客从消费其他人的产品和服务转移到自己的产品和服务上来，有时不得不把利润大小放在增长速度之后。所以，创业初期的销售收入虽然增长很快，但由于成本增加更快，所以出现销量很大却没有利润的情况。这是创业必经的一个阶段。此时，极为重要的是做好营销管理、让顾客满意、创建品牌、形成忠诚的消费群体，使创业企业在激烈的市场竞争中立于不败之地。为此，创业者必须在树立正确的营销理念的基础上，学会和把握营销管理中的三个非常重要的概念——市场细分、营销 4P、创建品牌。

8.2.1 建立正确的营销理念

菲利浦·科特勒对市场营销的概念是这样描述的："市场营销是个人或群体通过创造，提供并同他人交换有价值的产品，以满足各自的需要和欲望的一种社会活动和管理过程"。这个概念中包含以下几个概念：需要、欲望和需求；产品或提供物；价值和满意；交换和交易；关系和网络；市场；营销和营销者。

创业者需要把握和体会许多关键的概念，比如需要、欲望和需求之间的关系。需要，是人们的基本需求，而欲望则是人们的一种物质的需要；当人们对某个特定产品有欲望且有购买能力时，欲望就变成了需要。营销者并不创造需要，需要存在于营销活动之前，营销者只是在影响人们的欲望。正如卡彭特所说："单单给顾客他们所需要的是不够的，必须帮助顾客学会知道他们需要的是什么。"

许多创业者都容易犯一个认识上的错误，认为市场营销就是销售自己的产品。因此，他们不辞辛苦，不停地游说他们的产品有多么优秀、多么物美价廉。但此时，他们恰恰忽略了一个重要的问题，就是顾客的感受和反应。顾客此时考虑的并不是你的产品有多么好，而是这件商品对其本人有没有价值。所以，创业者必须具备战略的营销眼光和长远的营销规划，必须深刻理解营销的真谛，那就是"探索如何发现顾客价值、创造顾客价值和传递顾客价值"。因此，营销重心必须从以公司、产品为中心转入以市场、顾客为中心。

创业者必须深刻地认识到，营销不再是为公司的产品找到合适的顾客，而是在为顾客设计合适的产品。所以，你的目标群体在哪里，你的市场就定位在哪里；顾客的需求是什么，你的产品就设计什么。营销的关键在于创业者如何正确把握目标市场客户的需求，并且比竞争对手更高效地向目标市场创造、传递和传播顾客价值。这样才能打败竞争对手，傲立于竞争激烈的市场之中。

8.2.2 细分市场并选择目标市场

在市场上，根据顾客地理、心理、人文和行为等差异所带来的不同产品需要和营销组合，把他们分为具有明显特征的消费群体的过程称为细分市场或市场细分。营销者从这些特定的目标消费群体中选择出能为他们创造最大商业机会的服务对象的活动，称为目标市场选择或产品的市场定位，而选择的对象即为目标市场。具体来讲，目标市场选择或产品的市场定位是指对企业的产品（服务）和形象进行设计，使其在目标顾客心目中占有一个独特位置的活动。

市场细分对创业企业具有特别重要的意义。与成熟的企业、特别是大中型企业相比，创业企业处于起步阶段，其生产能力和竞争实力要小得多，在整个大的市场或较大的细分市场上无法建立自己的竞争优势。对此，市场细分可以发挥重要的作用。一方面，借助市场细分，创业企业可以发现某些尚未满足的需要。这些需要或许是大企业忽略的，或许是具有很大的特殊性，大企业不屑去为之专门安排营销力量。无论何种情况，只要是小企业力所能及的，便可以见缝插针、拾遗补缺，进而成为这一小细分市场的专家。另外，小企业还可充分发挥自身灵活机动的优势，不断寻找新的细分市场，使自己在日益激烈的竞争中生存和发展。另一方面，通过市场细分，创业者在调研的基础上可以全面深刻地了解市场、进一步发现市场机会，帮助企业确定市场营销方向，开展有针对性的营销活动。

市场细分的具体方法，就是利用一个或者几个变量将市场分为若干部分。理论上说，对于任何一个市场，只要存在两个以上的消费者就可以细分。将市场上所有消费者分别作为独立的市场，为每个消费者设计一项独立的营销计划的市场细分，称为完全细分。但是，并非所有企业都会将市场完全"顾客化"的。当某一个市场上存在众多消费者时，完全细分市场不划算也不可能。企业可根据消费需求的相对同一性，确定若干个变量并根据某几个变量将众多的消费者划分成若干群体。企业可用多个细分变量进行市场细分。其步骤主要有三步。第一步，调查。通过访问或其他方式，向一组有代表性的消费者了解他们内在的消费动机、态度、行为模式等；然后，找出影响消费者消费决策最重要的几个变量，并排序。第二步，分析。运用因素分析法剔除高度相关的变量，因为这些变量是各个顾客群的共同需求，不能作为市场细分的依据；然后对存在不同需求特点的变量用综合分析法划分出几个相对同一的顾客群，即初步的细分市场；最后，进一步认识每一个细分市场的顾客需求及其行为特点，考虑各子市场有没有必要再作细分，或重新合并。第三步，评估。测量各个细分市场的潜量、评价其吸引力，寻找可能的获利机会。

老张是一家个体餐馆的老板。刚开始做这行的时候，老张看到人家经营餐馆赚钱，也开了一家大众化餐馆。与别的餐馆相比，老张的餐馆毫无特色，别的餐馆早晨卖早点、中午和晚上卖一些大众菜肴，他的餐馆也一样。但做了一段时间后，老张的生意却是冷冷清清，怎么也红火不起来。无奈之下，老张只好关了餐馆，另谋出路。然而，考察了几个月市场之后，老张还是没找到适合自己的投资项目。

　　这个时候，有位朋友建议老张"重操旧业"，再做餐馆生意。但老张却连连摇头，说之前经营餐馆赔了钱，负了不少债，至今没还清，他可不想再做餐馆生意了。朋友问他："知道你之前做餐馆因为什么原因赔吗？"老张疑惑地看着他。朋友说："你之前做餐馆，犯了盲目跟风的错误，别人做什么你也做什么，不赔才怪呢。你开餐馆的那条街上已有六家餐馆，生意本来就已饱和，而你却要硬着头皮跟他们经营一样的项目，生意怎么会好？生意场上的大忌就在于，当你看到别人赚钱之后，再跟上去毫无创意地做同样的生意。缺乏市场细分是你失败的主要原因。做餐饮也要讲究市场细分，现在大众化餐馆已经不再吸引顾客的眼球了，你不妨另辟蹊径，开一家与众不同的餐馆。现在的人们对吃越来越讲究，除了吃饱吃好外，还要吃出健康。而进入新世纪以来，现代都市女性为了健康开始提倡素食，在食素新概念的影响下，吃素的人越来越多，年龄层次也越来越低。你不妨开间素菜馆，将这部分人吸引过来，生意肯定会好。"

　　朋友的话让他茅塞顿开。之后他开始留意这方面的信息，经过一番市场调研，认定这样的素菜馆在自己所在的这个客商云集的城市会有一定市场。心中有了数后，他开始了开店的前期准备工作。从选店址到装修，他只用了三个月的时间就全部完成了。令他想不到的是，他的素菜馆一开张，就吸引了不少顾客的眼球，生意出奇的红火。

　　于是，为了让常来就餐的老顾客保持一种新鲜感，丰富菜品的花样，他的素食馆每个星期都会新推出几种菜品、几种不同的素汤供就餐者选择。而他的素汤的特别之处就在于，在炒青菜的时候适当地加入了一些米汤，既方便又美味。店里的主打菜常做常新，这样就在留住老顾客的同时也吸引了新顾客。

　　老张的创业经历给了我们深刻的启示。如果经营者能够"先行一步"，事先细致地了解市场及消费者的需求，区分出不同的顾客群，然后再根据不同的顾客实施人性化的服务，最大限度地满足顾客的需求。这样，才会在赢得市场的同时，为自己拓展出一片发展的天地。而这样的市场细分，不仅可以让新产品迅速占领市场，还可以将传统产品做出新意、开拓出新的市场需求。

　　市场细分后，就需要进行目标市场选择或市场定位。但是，由于有些目标市场太过庞大，初创企业一般没有能力满足这个细分市场的需求，不能提供产品以为顾客带来核心利益。这时，新创企业就需要把目标市场定位在某个利基市场。所谓利基市场，是指在某个细分市场——利基市场有财富。在利基市场内，新创企业更可以集中精力和能力为这部分较小的顾客群带来核心利益。比如，《赢在中国》在海选过程中，有一名选手在经过大量的市场调研后把他的创业目标市场定位在礼仪服务这个细分市场中的殡葬市场，专业为死者家属提供殡葬服务。这个殡葬市场就是他的利基市场。这名创业者细分市场并进而提出利基市场的依据，无疑就是中国传统文化中的"孝道"。中国传统文化认为，百善孝为先，孝居于道德首位。在亲人死亡后，家属往往过于悲痛，进而没有心思和精力去打理丧事，这时殡葬服务公司提供的服务就可以为他们解决难题。

8.2.3 使用营销组合 4P 工具

为了达成营销目标，企业会使用一些营销工具，麦卡锡把这些营销组合工具概括为 4 类，称之为 4P：产品（product）、价格（price）、渠道（place）和促销（promotion）。每个工具都有若干特定的变量。4P 代表了营销者的观点，即这四个营销工具都可以用来影响消费者。但是，成功的公司还必须经济方便地满足顾客的需要，并和顾客保持有效的沟通。为此，罗伯特·劳特伯恩又提出了与 4P 相对应的顾客 4C：顾客解决方案（customer solution）、顾客成本（customer cost）、便利（convenience）和沟通（communication）。这部分内容主要讨论营销组合 4P。

1. 产品

产品是传递客户价值的终端。从营销学意义上来说，营销的对象有九类：商品（有形）、服务（无形）、事件、体验、公众人物、城市形象、财产权、企业形象、信息。以上营销对象都可以作为宽泛意义上的"产品"。对于新创企业来说，只有产品能够进入市场并最终得到顾客的认可和追随，才是企业能够活下来的最重要的因素。那么，新创企业的产品如何进入市场呢？主要有以下三种方式：

第一，根据产品在市场中的形象目标不同，采取高端型或低端型进入。高端型进入即产品以高质、高价、高品位的姿态进入市场，以期建立起高档产品的形象。在满足消费者对产品基本需求的同时，进一步满足其声望及炫耀的需求。在市场进入策略上，要注意四条原则：其一，要注重产品的外观与包装，给人一种品位高雅的感觉；其二，产品的价位不能低于同类同质产品，甚至可略高一些，以体现高档产品之身价；其三，在最初阶段销售渠道的选择上，应采用"惜售"的策略，不要把面铺得太开，并且应选择一些品位和档次较高的商店进行销售，给人造成一种物以稀为贵的印象；其四，广告的设计在视觉和情调上也应当高雅脱俗，给人留下不同凡响的感觉。低端型进入即产品以大众化、实惠型、价廉物美的姿态进入市场，以适应大多数普通消费者的需求，以期迅速打开市场、扩大销售。低端型策略的实施，应当特别注意的是不能使消费者将低位与低质的概念混为一谈，应主要强调如下内涵：在效用上的适当性、实惠性；在产品设计上应突出其基本效用的稳定可靠，而尽量减少不必要的修饰与包装；在价格上不可过高，突出与其同类产品的相对低廉性；在销售渠道方面应通过分布广泛的销售网络使销售量得以迅速扩展。低端型策略适用于使用面较广的快速消费品，在面临市场竞争相当激烈的情况下尤为有效。新创企业一般资金不足，所选择的领域也多是质优价廉的快速消费品领域，所以一般应选择低端型市场进入方式。

第二，根据产品进入市场时的宣传推广方式不同，可以采取造势型和渐进型进入。造势型即以大张旗鼓的宣传和推广活动来很快地提高产品在目标市场的知名度，从而打开市场。有不少企业在市场开发的过程中喜欢采用造势型的做法。因为在商品供应极其丰富的现代市场上，企业的产品能否引起消费者的注意是其能否迅速打开市场的重要前提。当企业预计会在即将进入的目标市场中遇到激烈竞争时，企业可能会采用渐进型的市场进入策略。所谓渐进型策略，即在产品进入市场时不是大张旗鼓地进行宣传，而是以优质的产品为基础，采取多渠道广泛渗透的方法进行推销宣传和销售现场宣传，让消费者在直接接触产品和推销人员的情况下逐步增加对产品的了解，并帮助其进行进一步的扩散。比如，随着电动车的普及和广泛使用，一个问题也随之而生，那就是电动车路上没电了怎么办？针对这个问题，适用于电动车快速充电的充电器生产厂家研制出了适应市场需求的产品，并且这种快速充电器以渐进的方式迅速占领市场。该产品的宣传并没有采取造势的做法，而是把营销重点直接对准了消费者，巧妙地利用了遍布城市各个街道呈网状分布的便利店和修车位,迅速占领市场。他们采取与各便利店和修车位合作的办法,将各个快速充电器免费安装到各个便利店里,顾客每充一元钱的电,厂家和便利店便会以三七或者四六分成的方式获取各自的利润。

新创企业一般应采取渐进型的方式,以多渠道广泛渗透的方法快速占领市场。

第三,依据产品进入市场时的直接促销对象的不同,采取拉动型或推进型进入。产品进入市场会经过不少中间环节,如产地批发商、销地批发商、二级批发商和零售商,最后才到消费者手里。那么,企业在把自己的产品导入市场时应该以哪一个环节和层次作为自己的主要促销对象呢?拉动型的市场进入方式是将产品最终消费者们作为直接的促销对象,通过对消费者进行产品宣传来激发其需求,最终使消费者所激发出来的需求层层向上面各级经销商逐层传递,最后使新产品顺利进入市场。而推动型的市场进入策略则通过直接向最近环节的中间商进行促销,然后再通过他们以层层促销的方式将产品推入市场。新创企业的产品一般技术含量不高,适合采用推进型的市场进入策略。

2. 价格

价格是企业营销组合 4P 中的一个重要因素。定价是否合理,影响着市场营销组合中的其他因素。价格的高低往往直接影响着顾客对产品的接受程度,影响着产品在市场中的地位和形象。产品的定价决定了产品能为企业带来多少收入,而其他的因素都代表着成本。因此,合理的价格可以影响企业营销目标的实现。

企业制定价格一般有获取利润、扩大销售、占有市场、改善形象等目标。对于新创企业、尤其是推出创新型产品的企业来说,制定产品价格的方法有两种:

一是成本+利润定价法。价格高于成本,获取经营利润,是任何企业开展经营活动的基本目标。因此,一般企业多采用成本+利润定价法,即在核算了产品的成本并加上企业所预期的利润,就制订出了产品的价格。采用这种方法要注意两个问题:一方面要精确核算成本,一般以平均成本为准。另一方面企业预期利润要合理:不可太低,预期的利润率应该高于银行的存款利息率;也不可太高,太高了消费者不能接受。这种方法适用范围广泛,一般适用于常见的顾客消费频率较高的快速消费品。

二是感知价值定价法。这是企业以顾客对产品或服务的感知价值而愿意支付的金额为基础来制定价格的方法。这种方法不以产品的成本为依据来制定价格。感知价值定价法实际上是企业利用市场营销组合中的非价格变量如产品质量、特色、服务、广告宣传等来影响消费者，使他们对产品的功能、质量、档次有一个大致的"定位"后定价。这种方法尤其适合于创新型产品。因为大多数新创企业的创业基础大都源于一种独特的创新想法，所以，新创企业、尤其是生产创新型产品的企业可以重点考虑感知价值定价法。由于消费者对创新产品缺乏比较的对象、一时对产品捉摸不透，因此，企业即使定价定得很高，也能吸引那些对此有"感知"的消费者。比如，《赢在中国》海选中有一位从事医疗器械研究的选手带来了他的科研成果——无创血糖仪，一种不用采血就能测量血糖数值的新型医疗器械。如果该产品投放市场，就可以采用价值定价法。又例如，日本某株式会社在山东省承包土地上种植的纯天然无污染草莓，不使用任何化学肥料、不喷洒任何农药、不采用任何转基因技术，其产品在上海的超市上市时，售价高达120元/公斤，是普通草莓市场价格的10倍，但顾客仍然认可这种商品的价值，以至于供不应求。

3. 渠道

营销渠道，也就是分销渠道，它是指产品由生产者传递到消费者所经过的途径或环节。在初创企业的营销战略决策里，有一项必须做的决策就是决定产品是直接经销还是通过经销商销售给消费者。渠道策略有如下类型：

1.从纵向的角度来看，销售可以采取零级渠道、一级渠道、二级渠道、三级渠道等渠道策略

零级渠道是指生产者直接销售给消费者，有时又称为直销。在现代社会，直销的方式包括上门推销、网络营销、电视购物、开设直营店、邮购等。

一级渠道包括一层销售中介机构，一般为零售商。

二级渠道包括两层中介机构，一般包含一个经销商和若干个零售商。

三级渠道包含三层中介机构，一般包含一个总批发商、若干二级批发商和若干零售商。

企业应根据产品类型、市场状况和企业自身条件等因素来决定渠道的级数。一般来说，技术含量高的产品，需要较多的售前售后服务，适合层次少的渠道；

保质期短、保鲜要求高的产品也适合层次少的渠道；而标准化的、保质期长的日用消费品适合多层次渠道。从市场状况来看，如果顾客数量少而且在地理位置上较为集中时，适合用层次少的渠道；相反，则适合用层次多的渠道。如果企业自身的规模较大、拥有较为强大的营销力量，则可以使用较少层次的渠道；相反，就有必要借助经销商的网络渠道来营销。

2.从横向的角度来看，企业在某一个特定的市场上可以采取独家分销、广泛分销和选择性分销等策略

独家分销是指企业在某个特定市场、特定时期给予某一个中间商（代理商）独家销售企业产品的权利。独家分销的优点是中间商（代理商）竞争性小、利润高，因此他的积极性高、责任心强；缺点是对中间商的控制力度小，而且一旦中间商（经销商）的经营能力出现问题，就会影响产品的销售。

独家分销适合的产品类型是品牌价值较高、技术含量较高、价格也较高的高档消费品或者工业用品。

广泛分销是指企业在市场内使用尽可能多的中间商从事产品的分销，使渠道尽可能加宽。适合广泛分销策略的产品有价格低、购买频率高的快速消费品，以及工业用品中的标准件、通用小工具等。

选择性分销则是指企业在市场内选择一部分中间商经销产品。如果企业选择中间商得当，可以兼得独家分销和广泛分销的优点。

4. 促销

促销是企业将产品价值向目标市场推进时所采取的辅助销售的活动。促销的手段有很多种，比如广告、公共关系、赞助慈善事业、参与公益活动、举办路演、免费体验、参加商品博览会等。虽然促销方式有多种，但新创企业往往资源有限，在选择促销活动之前必须仔细斟酌。

最常用的促销方式一般有两种：一种是广告。企业选择做广告的目的无非就是提高顾客对产品的印象、突出产品的比较利益、营造顾客对产品的需求和联系。但是，广告也有着显而易见的缺陷，那就是成本高（需支付大量的广告制作费用和投放费用）、可信度低以及人群不感兴趣等，而且构思差的广告反而适得其反、引起受众的不满，从而对产品产生抵触情绪。所以，广告策略对于新创企业来说

有些奢侈，使用非常有限。但是，成功的广告对于提升企业形象也是不无裨益的。做广告的途径一般有以下几个步骤：识别广告目的→确定目标受众→选择媒体→创作广告→选择广告投放的时间和地点→实现预期。二是公共关系。公共关系是建立和维持企业公众形象的活动。企业公共关系的成本主要用于建立与个人、媒体、政府部门等关系网络，促使他们的言论对公司产生有利的影响。可以使用的公共关系技能有：新闻报道、媒体宣传、博客、杂志或者学术期刊文章、记者招待会、市民参与活动、政府部门评论、科研机构权威认证等。对于广告来说，公共关系具有两个优点：成本低，不需支付大量广告费用；可信度高，因为媒介载体的权威性和非营利性赋予企业较高的可信度。

对于新创企业来说，合适的促销手段还有混合促销和免费体验以及参与活动。混合促销是与其他品牌企业合作，将自己的产品与品牌产品捆绑在一起销售，或者作为品牌产品的赠品出现在消费者面前。如，食品企业通常会将自己生产的新产品作为一个成熟产品的赠品，让消费者接触认识，从而产生消费需求。免费体验是指在新产品进入市场初期，以免费的方法吸引顾客的注意，对于产品形式是"服务"的则非常有效，比如美容、美发、网站服务、宠物护理等。对于一种新型食品，在各个目标市场开展赠饮、试吃等也是比较有效的促销手段。比如，宝洁公司在2003年推出品客薯片时，就采取免费赠送的方式，给目标城市的女大学生宿舍免费赠送这种女生喜爱的食品，而品客的不俗口味和爽脆的口感也很快征服了目标人群，从而为自己赢得了市场。参与活动是指企业积极参与一些社会公益活动、商品博览会，并在这些活动的会场重点展示企业形象或者突出产品特点，从而引起受众注意、产生尝试该新产品的想法。

营销的目的就是为顾客创造和传递价值，而某一种营销工具不足完成这个使命。因此，企业必须有效地利用这些营销工具。这就意味着企业必须做出销售产品或者服务的整体方案，也就是对4P进行整合营销。

8.2.4 创建品牌

品牌是一种名称、术语、标记、符号或者设计，或是他们的组合运用。其目的就是借以辨认某个销售者或某群销售者的产品或服务，并使之同竞争对手的产品和服务区别开来。品牌是一种产品或者服务的特性。这种特性可以是有形的，也可以是无形的。品牌化就是企业创造差别使自己与众不同。

品牌实际上是有着较高知名度和美誉度的商品标志。一个成功的品牌可以给创业者带来巨大的利润。然而，许多创业者在创业初期往往忽略了品牌的作用，而是过分关注产品的特征和价值。这样他们往往就失去了建立品牌形象的机会。

创建品牌对于新创企业有着极其重要的作用。首先，品牌可以帮助企业增加可信度。对于一个新创企业来说，迅速拥有一个完美的企业形象非常重要。它可以帮助企业在潜在的客户群中增加信任度和美誉度，从而帮助企业建立良好的公共关系。其次，品牌可以有效传递商品价值。成功的品牌能够有效地缔造顾客的忠诚，使顾客有意识地关注该品牌并产生对企业及其供给品的预期，从而有效地将商品价值传递给顾客，进而使企业赢得利润。比如，苹果公司的时尚手机产品iphone系列在发售前的晚上，顾客就已经在门店前排起了长队。再次，品牌能够带来产品的价值增值。据调查，一个成功的品牌能将企业的市场价值提高50%-75%。它允许企业给产品定高价，以使产品与企业形象相适应。因为半数以上的消费者认为，值得信赖的品牌是产生购买行为的最重要的原因。

品牌可能是一个有形的商品品牌，也可以是一种服务，还可以是一家商场、一个地方、一个组织或者一项权利。无论什么类型的品牌，一般都通过以下几个方面来形成：一是选择品牌元素。要缔造一个品牌，首先要设计品牌标识、创造品牌口号，如品牌的名称、LOGO的设计、网站的设计、代言人的选择、包装的设计等。比如，麦当劳门口的"麦当劳叔叔"即是企业的品牌形象设计之一。品牌元素要能够体现品牌理念、品牌利益以及消费者对品牌的感知、动机和态度。菲利普·科特勒提出，品牌元素的选择要遵循可记忆、有意义、可爱、可转换、可适应、可保护等六个准则。二是提供营销活动支持。企业可以通过营销活动或者营销计划来完成对品牌的缔造，如有效的广告宣传、公共关系、赞助慈善事业、参与公益活动等。农夫山泉矿泉水"您每购买一瓶水，就为贫困山区的孩子捐献1角钱"广告，即为农夫山泉建立了良好的品牌形象。三是让人产生品牌联想。可以通过其他实体如重要名人、地方或者事件等来让消费者产生品牌联想。

8.3 创业企业财务管理

对于创业者来说,掌握必要的财务管理知识和技能至关重要。这体现在两个阶段。第一个阶段是前期融资环节。要赢得风险投资商和贷款人、合伙人或出借人的青睐,非常重要的一环就是做好财务预测与分析。第二个阶段是企业的中后期管理阶段。一个创业企业如果在财务上运转不灵,比如投资回报率低、现金流断裂等,都必然会导致创业的失败。所以,创业者必须掌握财务工具,并能够通过对历史财务的分析来预测销售收入、制定财务计划,以提高资本回报率、保持正常的财务运转。

8.3.1 财务管理的主要内容

所谓财务管理,指的是对企业生产经营活动所需资金进行筹集、使用、收入、分配以及计划、控制、预算等各项工作的总称。这些活动通常称为财务活动,因此财务管理又称对财务活动进行的管理。

一般来说,财务活动主要包括筹资活动、投资活动、资金营运活动和利润分配活动四项。所以,财务管理的内容也主要包括筹资管理、投资管理、资金运营管理和利润分配管理四个方面。就新创创业来说,财务管理的主要内容是其中的筹资管理和资金运营两个方面。

1. 筹资管理

筹资管理反映的是对筹资活动的管理。筹资活动是指企业如何取得所需资金的过程,即向谁取得、在什么时候取得以及筹集多少资金的过程。它包括发行股票、发行债券以及取得借款、赊购、租赁等。筹资活动同投资活动、运营资金、股利分配之间有着密切的关系:筹资多少要考虑投资需要;在利润分配时加大盈余,可减少外部筹资的数额。筹资活动的关键是确定资本结构,即确定各种资金来源在总资金中所占的比重,以使筹资风险和筹资成本相匹配。

企业的资金来源有许多渠道,我国习惯上称作"资金渠道"。按资金来源分,有权益资金和借入资金。权益资金是指企业股东提供的资金。权益资金不需要归还，筹资的风险小，但其期望的报酬率高。借入资金是指债权人提供的资金，也称负债资金。借入资金要按期归还，有一定的风险，但其要求的报酬率比权益资金低。筹资决策的一个重要内容就是确定最佳资本结构，如权益资金、借入资金分别占总资金的比例。

按资金使用期限分，有长期资金和短期资金。长期资金是指企业可长期使用的资金，它包括权益资金和长期负债。权益资金不需要归还，企业可以长期使用，属于长期资金。此外，长期借款也属于长期资金。有时，习惯上把1~5年的借款称为中期资金，而把5年以上的借款称为长期资金。短期资金一般是指1年以内要归还的短期借款。一般来说，短期资金的筹集应主要解决临时的资金需要。例如，在施工生产经营旺季需要的资金比较多，可借入短期借款，渡过施工生产经营旺季后则予以归还。长期资金和短期资金的筹资速度、筹资成本、筹资风险以及借款时企业所受的限制均有所区别。如何安排长期和短期筹资的相对比重，是筹资决策要解决的另一个重要问题。

在资金筹集的过程中，要坚持满足需要原则、低成本原则、合法性原则、稳定性原则等。

2. 投资管理

投资活动是指资金的投放和运用，是以收回现金并取得收益为目的而发生的现金流出。包括购买政府公债、购买企业股票和债券、购置设备、建造厂房、开办商店、增加一种新产品等。投资管理就是对投资活动所进行的计划和控制，期望以较少的货币性流出取得较多的现金流入。

3. 营运资金管理

营运资金，也叫营运资本，是指某时间点内企业的流动资产与流动负债的差额。流动资产—流动负债=营运资金

流动资产是指可以在一年以内或者超过一年的一个营业周期内实现变现或运用的资产。流动资产具有占用时间短、周转快、易变现等特点。企业拥有较多的流动资产，可在一定程度上降低财务风险。流动资产在资产负债表上主要包括以下项目：货币资金、交易性金融资产、应收票据、应收账款、其他应收款和存货。

流动负债是指需要在一年或者超过一年的一个营业周期内要偿还的债务。流动负债又称短期融资，具有成本低、偿还期短的特点，必须认真进行管理，否则将使企业承受较大的风险。流动负债主要包括以下项目：短期借款、应付票据、应付账款、应付职工薪酬、应交税费、其他应付款等。

营运资金是企业日常经营活动所需要的资金。营运资金运作是企业整体资金运作的支撑，承载着企业价值补偿与价值增值的使命。由于影响企业资金营运活动的不确定因素较多，因而企业对营运资金的管理和控制所面临的困难很大。因此，资金营运活动的内部控制通常是企业内部管理的关键环节，其营运资金风险成为企业主要的财务风险之一。

营运资金管理应当遵循如下原则：一是认真分析企业经营状况，合理确定需要营运资金的数量。二是在保证生产经营需要的前提下尽量节约使用资金。三是加速营运资金周转，尽量提高资金使用效果。

4. 利润分配管理

利润分配是指企业将在一定时期取得的生产经营成果进行分配。即把企业赚得的利润按照一定的关系发放给股东和留作企业的再投资。过高的股利支付率，将影响企业再投资的能力，会使未来收益减少，造成股价下跌；但是过低的股利支付率，又有可能引起股东不满，进而也可能会使股价下跌。股利决策的制定受多种因素的影响，包括税法对股利和出售股票收益的不同处理、未来公司的投资机会、各种资金来源及其成本、股东对当期收入和未来收入的相对偏好等。因此，企业如何根据自身的具体情况确定最佳的分配规模和分配方式，是财务管理的一项重要内容。

8.3.2 财务管理的目标与过程

财务管理通常以取得最高投资回报率为整体目标。

对于创业企业而言，一般都要面对四个主要的财务目标：一是盈利性。这是企业赚取利润的能力。企业只有能够盈利，才能够保持运转并向投资者提供回报。对于新创企业而言，一般 1~1.5 年为盈亏平衡点。即 1~1.5 年后开始盈利，是比较理想的状态。二是流动性。这是企业偿还短期债务的能力。一旦企业现金流短缺，不能满足日常开支和偿还短期债务，那企业就很难维持正常运转。企业为保证有充足的现金流，必须关注应收账款和存货这两个财务指标。如果这二者都太高，则现金很难保证充足。三是资产利用率。这是企业利用资产进行生产经营以获利的水平。比如，某广告公司花50万购进了一台新型印刷机器。在一定时期内，这台机器既要折旧，也要实现一定的收益。那么，相对于它的固定资本折旧来说，就必须让收益大于其折旧，即充分考虑它的利用率。四是稳定性。这是企业运行的整体财务实力。财务稳定性强的企业，不但能赚取利润、保持充足的现金流，而且还能有效控制企业债务、降低企业经营风险。

企业财务管理一般需要经历四个阶段：第一阶段，准备历史财务报表。财务管理的主要报表有利润表、资产负债表和现金流量表等。它们是总体反映企业财务状况和经营成果基本情况的报表。第二阶段，进行预测。基于企业过去的财务指标，对企业未来的销售额、收入、费用和支出进行预测。第三阶段，制定预测财务报表。制定预测财务报表有利于帮助企业重新思考发展战略，并做出必要的调整，如缩减开支、减少费用、增加某种资本投入等。第四阶段，财务分析。即通过财务分析来预测企业未来的财务绩效和财务实力。主要方法有比率分析、根据计划评估结果分析、根据行业标准评估结果分析等。

8.3.3 财务报表

财务报表是根据日常的会计核算资料编制的、总体反映财务主体一定时期内的经营活动和财务状况的报告文件。根据不同的划分标准，财务报表的类型多种多样。按照反映的经济内容分类，可以分为财务状况报表（如资产负债表和现金流量表）、经营成果报表（如利润表、利润分配表）和费用成本报表（如管理费用明细表、营业费用明细表、财务费用明细表等）。

按照用途分类，可以分为主要财务报表和附属财务报表。主要财务报表是总体反映企业财务状况和经营成果基本情况的会计报表。它是企业最重要的财务报表，也是衡量企业财务状况以及制定公司战略决策所参考的最主要的财务工具。

按照财务信息流动的逻辑顺序，一般按照利润表、资产负债表和现金流量表来编制。附属报表是用于补充说明主要报表中某些项目详细情况的财务报表，如利润分配表、主营业务收支明细表等。

1.利润表

利润表是企业主要财务报表之一，每个独立核算的企业都应该按期单独编制，并及时对外报送。利用利润表提供的信息，创业者可以了解企业在某一个经营期间（月度、季度、年度）实现净利润或发生亏损的情况、评价企业经营业绩的好坏、分析企业盈亏的原因、预测企业未来盈利能力，从而做出相应的经营决策。

利润表中需要关注三个基本概念：销售收入，是指总销售额减去退货补贴与折扣的余额；销售成本，是指所有与生产、交付产品或服务直接联系的成本，包括原材料成本和生产人工成本；营业费用，指所有营销、管理、财务等费用以及其他与生产或服务非直接相关的费用。

净利润是由以下四步计算得来的：

第一步，总利润=销售收入－销售成本

第二步，营业收入=总利润－营业费用

第三步，税前收入=营业收入+其他收入－其他支出

第四步，净利润=税前收入－所得税支出

表7-1　××装饰公司合并利润表

编制单位：××装饰公司　　2011年12月　　单位：元

项目	2010年12月31日	2011年12月31日	2012年12月31日（预测）
销售收入	493200	686500	961100
减：销售成本	219623	305700	428000
总利润	273577	380800	533100
减：营业费用	98000	183200	264780
营业收入	175577	197600	268320
加：其他收入	1500	1600	3500
减：其他支出	10050	8600	6400
税前收入	167027	190600	265420
减：所得税支出	41757	47650	66355
净利润	125270	142950	199065

对利润表进行评价时，最重要的指标是利润率，也称销售回报率。利润率=

净利润/销售收入×100%。利润率反映企业一定期间营业活动的成果，显示企业的盈利能力。例如，表 7-1 中，该装饰公司 2010 年的利润率为 125271/493200×100%=25.40%，2011 年的利润率为 142950/686500×100%=20.82%。可见，该公司两年的利润率相比较略呈下滑趋势。

2.资产负债表

资产负债表反映各个时期内企业所拥有的或者控制的经济资源、企业所承担的债务、企业所有者享有的权益。利用资产负债表所提供的财务信息，企业管理者可以了解企业当前资产、负债和所有者权益的静态状况，总体评价和分析企业财务状况的好坏，预测企业未来财务状况的变动趋势，从而做出相应的决策。

资产负债表的报表项目分为资产类项目和负债类项目。其中，资产类项目有流动资产、长期投资、固定资产、无形及其他资产；负债类项目有流动负债、长期负债和所有者权益。长期投资，指企业不准备在 1 年内变现的各项长期投资余额。固定资产，指企业的房地产、建筑物、生产设备和办公家具等资产。它包括固定资产净值（原价减去累计折旧金额后的净额）、在建工程等无形及其他资产，包括专利、商标和版权在内的知识产权等的价值。长期负债指 1 年以上需要偿还的债务，包括购买房地产、生产设备等相关债务、长期借款、应付债券等其他长期负债。所有者权益指所有者投资于企业的股本加企业支付股利后累积的盈余。包括股本、资本公积、盈余公积和未分配利润等。

资产负债表形式分为左右栏结构和上下栏结构。左右栏结构中，左边为企业资产，右边为负债和所有者权益；上下栏结构的上边为企业资产，下边为负债和所有者权益。

资产负债表的编制一定要遵循会计原理，也就是"会计恒等式"：企业资产=企业负债+所有者权益。

分析资产负债表要把握两个最基本的问题。一是企业的运营资金是否充足。企业的运营资金是企业的流动资产减去流动负债的余额。这个余额表明企业是否有足够的短期资产用于补偿短期负债。此外，还可以通过流动比率来考察企业的运营资金状况。流动比率=企业的流动资产/流动负债。如果企业的流动比率大于 1，表明企业有能力偿还流动负债。二是企业的总体财务状况是否良好。衡量公司财务状况是否良好的一个重要指标为资产负债率。资产负债率=总负债／总资产×100%。一般认为，资产负债率的适宜水平是40%~60%。对于经营风险比较高的企业，为减少财务风险，应选择比较低的资产负债率；对于经营风险低的企业，为增加股东收益，应选择比较高的资产负债率。在分析资产负债率时，可以从三个方面进行：第一，从债权人的角度看，资产负债率越低越好。债权人提供的资金占企业资本总额的比例低，企业不能偿债的可能性小，企业的风险主要由股东承担，这对债权人来讲是十分有利的。第二，从股东的角度看，他们希望保持较高的资产负债率水平。站在股东的立场上，可以得出结论：在全部资本利润率高于借款利息率时，负债比例越高越好。第三，从经营者的角度看，他们最关心的是在充分利用借入资本给企业带来好处的同时，尽可能降低财务风险。

3.现金流量表

现金流是指企业在一定的会计期间通过一定的经济活动而产生的现金流入、现金流出及其总量情况的总称，即企业一定时期内的现金和现金等价物的流入流出的总量。

现金流对于初创企业来说具有非常重要的意义。新企业往往会在初创期大量消耗现金。一旦资金提供者中断投资或者要求偿还大量的债务，新企业就会没有足够的资金维持下去。因此，企业者在成长过程中要很好地避免现金危机，避免受到债权人或者投资者的支配。这样才能避免可能导致企业破产的偿债危机。现金流量表是管理者进行现金流管理的重要财务工具。

现金流量表是反映企业在一定期间内现金收入和支出情况的财务报表。它不仅能够综合反映企业净利润与现金流量的关系，而且还可通过经营活动和投资融资对现金流入流出的影响来揭示企业财务状况变动的原因。利用现金流量表提供的信息，企业管理者可以掌握现金流动的情况，预测未来的现金流量，搞好资金调度，提高资金的使用效率。

按照经济业务性质的不同，现金流量可以分为经营活动产生的现金流量、投资活动产生的现金流量和融资活动产生的现金流量。经营活动产生的现金流量是企业利用自身的资产所创造的现金流量，是与企业净利润有关的现金流量。通过分析经营活动产生的现金流入和流出，可以了解企业经营活动对现金流入和流出净额的影响程度。投资活动所产生的现金流量是企业长期资产的购建和不包括现金等价物范围内的投资及其处置活动,主要包括取得和收回投资以及购建和处置固定资产、无形资产、其他长期资产等。通过分析投资活动产生的现金流入和流出,可以评价企业通过投资获取现金的能力,了解投资产生的现金流量对企业现金流量净额的影响程度。融资活动产生的现金流量是指导致企业资本及债务规模和构成发生变化的活动,主要包括吸收权益性资本、发行债券、借入资金、支付股利、偿还债务等。通过分析融资活动所产生的现金流量,可以评价企业的融资能力,了解融资活动产生的现金流量对企业现金流量净额的影响程度。

表 7-2　××装饰公司合并现金流量表

编制单位:××装饰公司　　　　　单位:元

项目	2010年12月31日	2011年12月31日	2012年12月31日(预测)
经营活动现金流:			
净利润	125270	142950	199065
已(应)收账款	25200	58600	77650
收到的其他现金	5000	6500	11000
减:租金	36000	36000	36000
支付职工现金	18000	21000	28000
购买商品现金	16500	19850	25400
已(应)付账款	25400	48000	75000
支付的其他现金	4800	5500	9950
经营活动现金流净额	54770	77700	113365
投资活动产生的现金流:			
处置资产所得现	12500	20500	31800
减:购置固定资产	122000	136000	186000
权益性投资支付现金	50000	65000	96000
投资活动产生的现金净额	-159500	-180500	-250200
筹资活动产生的现金流:			
长期股权投资	100000	100000	150000
长期借款	228500	283000	350000
筹资费用	550	5500	8250
筹资活动产生的现金净额	323000	377500	491750
年末现金余额	218200	274700	354915

一个企业运转正常的现金流量应该是经营活动中取得的现金流入足以用于经营活动中所需的现金流出,并有一定的现金净流入量用于偿还债务或者用于投资,否则需要通过短期借款来弥补。但企业的盈利能力和创造现金的能力必须足以偿

还到期的短期债务。

现金流是企业重要的生命线。许多初创企业夭折，都是因为现金流断裂所导致的。所以，创业者应该密切关注企业的现金流状况，如目前企业有多少现金、多少应收账款、多少应付账款以及目前的日常开销和收入等情况。

新创企业推动自身发展常见的方法是将盈利用来购置厂房、设备等固定资产投资，而不是发放股利。如图7-2所示，该企业年末有大量的现金余额，说明该公司有充足的现金流去偿还短期借款和短期债务。但是，通过分析经营活动的现金余额和投资活动产生的现金净额可以发现，该企业经营活动产生的现金余额远远不足以应付投资活动的需要，购置固定资产和权益性投资所需的现金更多地来自于长期的股权投资和长期借款。这说明，该公司成长所需资本并非主要来源于自己的盈利，而是在很大程度上依赖于长期债务。

8.3.4 财务预测

财务预测是指对企业未来销量、收入、费用和资本支出的预期。在对历史财务报表进行分析比较之后，要对企业未来的各项指标做出预测。这个预测既可以帮助企业管理者积极主动地管理企业财务活动，又能推开融资大门。创业者进行预测的参考数值，既可以是本企业历年的财务报表，也可以是类似新企业的产品销量、成本和其他开支情况。但无论财务预测的参考数值来自何方，这个预测都必须经得起投资者的反复推敲。财务预测主要包括以下方面：

1. 销售预测

要做财务预测，首先要进行的是销售预测。它是进行其他预测的基础。

销售预测的基础包括四个方面。一是企业内部经济因素。企业过去的销售记录以及企业自身的生产能力和销售能力是进行销售预测的最重要的基础。如果企业本身的生产能力和销售能力有限、以往的销售数字也维持在较低的水平，就很难做出过高的销售预测，否则会降低销售预测的可信度。二是市场需求。需求是外界因素之中最重要的一项。流行趋势、爱好变化、生活形态变化、人口流动等，均可成为产品（或服务）需求的质与量方面的影响因素。因此，必须对市场进行深入广泛细致的调查，以获取尽可能准确的市场需求量。三是市场竞争状况。销售额的高低受同业竞争者的影响较大。因此，制定本企业的销售预测额必须掌握竞争对手的目标市场在哪里、产品价格高低等因素，并采取相应的促销与服务措施等。四是未来可能会影响企业生产和市场的要素。为了正确预测销售额，需特别注意资源问题的未来发展、政府及财经界对经济政策的见解以及基础工业、加工业生产、经济增长率等指标变动的情况，尤其要关注突发事件对经济的影响。

企业进行销售预测的方法有定性分析和定量分析两个类别。定性预测是指预测者根据已掌握的历史资料和直观材料、运用个人的经验和分析判断能力来对事物的未来发展做出性质和程度上的判断，然后再通过一定形式综合各方面的意见进行预测的行为。在销售预测中，常用的定性预测方法有高级经理意见法、销售人员意见法、德尔菲法和购买者期望法四种。高级经理意见法、销售人员意见法和德尔菲法三种方法是根据销售业界人士或者某些权威销售专家的个人意见或者集体讨论得出的较为模糊的数据，带有一定的主观成分。而购买者期望法是通过征询顾客或客户的潜在需求或未来购买商品计划的情况来了解顾客购买商品的活动、变化及特征等，在此基础上去分析市场变化、预测未来市场需求。这种方法仅在少数重要的顾客占据企业大部分销售量的情况下才较为实用。

常用的定量预测方法有时间序列分析法和回归分析法。其中，最常用的就是时间序列分析法。它是利用变量与时间存在的相关关系、通过对以前数据的分析来预测将来的数据。比如在分析销售额时，将销售额按照年或月的次序排列下来，以观察其变化趋势，从而得出未来的预期销售额。例如，在××装饰公司利润表中，2010年和2011年的销售额分别为493200元和686500元，2011年较2010年增长净额为193300元，增长比率为39.19%。那么，按照这个比率保守估计，2012年的销售额增长率应该为40%左右。

2. 成本等项目预测

销售预测完成后，需要在此基础上对利润表上的销售成本和其他项目进行预测。

销售成本预测的常用方法是销售百分比预测法。这种方法主要以销售百分比为比率来预测各个费用项目。比如，某公司在2011年的销售额为68.65万元，销售成本为 30.57 万元，那么该公司 2011 年度的成本-销售百分比为 32.57/68.65×100%=44.53%；如果预测公司 2012 年的销售额为 96.11 万元，那么 2012 年公司的销售成本即为 96.11×44.53%=42.80 万元。同理，对于利润表上任何一个项目的成本，都可以采用这种方法进行预测。

3. 财务报表预测

财务报表预测，也称预测性财务报表，指的是以原有财务报表为基础、根据现有的财务状况和已取得的经营业绩并采用科学的预测方法来编制企业未来经营状况的财务报表。预测报表弥补了历史报表的不足，更好地发挥了其决策的有用性。同时，预测报表表明了企业的未来发展方向和经营状况，因而有利于管理者向着既定目标努力。根据财务报表的主要内容，财务报表预测主要包括以下方面：

1.预测利润表

完成销售预测以及成本等费用预测后，可以按照固定比率预测法得出公司的预计收益表。例如，在表 7-1 中，该装饰公司 2011-2012 年度预测净销售额将增加 30%，而公司销售成本以及日常费用、管理费用按照固定的成本-销售百分比 44.53% 增加。而预计利润表中其他收益和其他项目因为与销售额不直接相关，因而可以运用合理预期来预测。在表 7-1 中，该装饰公司最后的预测利润率为 199065/961100×100%=20.71%，基本与 2011 年持平。

2.预测资产负债表

预测资产负债表既有助于企业认识经营活动如何满足短期负债，又能显示企业有多少现金被用于应收账款、存货和设备。预测资产负债表的方法与预测利润表基本一致。

3.预测现金流量表

预测现金流量表的最重要的作用在于预测企业是否有足够的、满足企业需要的现金。在预测现金流量表中，要额外关注应收账款、应付账款等的增长速度。如果这些指标中的速度快于企业的销售增长率，那么企业的财务可能就要面临风险。例如，表 7—2 中某装饰公司的合并现金流量表中，2010-2011 年度公司应收账款的增长速度为 1.33，远远高于销售额的增长速度 0.4。长此以往，大量应收账款的增加会导致企业现金量的减少，有可能导致企业无法进行正常的投资或者偿还债务。所以，企业管理者意识到这一点后，就应当在预测的 2011-2012 年度公司现金流量表中把应收账款的增长速度控制在 0.33 内。为此，管理者要采取必要的措施，比如增加应收账款、减少应付账款和控制成本开支等，以有效地控制应收账款的增长速度。

参考文献

[1]蓝红星.创新能力开发与训练[M].成都：西南财经大学出版社，2014.

[2]王欣.创新职能与维持职能的关系及其作用[OL].爱普恩培训网.http://www.ipuen.com/news/G000080.htm，2012-09-17.

[3]孙敬全，孙柳燕.创新意识[M].上海：上海科学技术出版社，2010.

[4]牟顺海.大学生创新创业指导[M].北京：现代教育出版社，2014.

[5]三亿文库.http://3y.uu456.com/bp-83d010f4c8d376eeaeaa31ea-1.html.

[6]于桂兰，苗宏惠.人力资源管理[M].北京：清华大学出版社，2008.

[7]姚凯.企业薪酬系统设计与制定[M].成都：四川人民出版社，2008.

[8]张文贤.人力资本[M].成都：四川人民出版社，2008.

[9]王效俐，罗月领.情绪资本：人力资本的重要内容[J].科学管理研究，2007(2).

[10]付亚和，许玉林.绩效管理[M].上海：复旦大学出版社，2008.

[11]胡君辰，宋源.绩效管理[M].成都：四川人民出版社，2008.

[12]许湘岳，邓峰.创新创业教程[M].北京：人民出版社，2011.